Життя кожної людини саме собо[...]
можуть або ще більше його усклад[...]
Книжка «Шлюб, що зцілює» — ц[...]
ховної перспективи! Божі інструменти для створення й збереження
здорового шлюбу абсолютно дієві. Деніел та Естер із притаманними
їм глибиною і простотою приводять читача до розуміння того, що таке
здоровий шлюб і як можна його досягати, використовуючи біблійні
принципи й практики. Вони показують, як ворог може впливати на
життя людини, і дають практичні поради й інструменти, щоби проти-
діяти цьому впливу з Божою допомогою. Упродовж тридцяти років ми
служимо в міжнародній християнській організації «Молодь з місією»,
і фокус нашого служіння — сім'ї. Маючи багаторічний досвід роботи
із сім'ями, ми бачимо, яка ця книжка важлива для кожної сім'ї, а також
для тих, хто працює з парами. Якщо християнська сім'я візьме до уваги
біблійні принципи, що запропоновані й пояснені в цій книжці, і засто-
совуватиме їх на практиці, вона стане набагато успішнішою в житті й у
покликанні, яке має для неї Бог.

Юрій і Тетяна Соколовські, сімейні консультанти, місіонери,
співробітники міжнародної християнської організації «Молодь з
місією», співзасновники Центру сімейного життя, Україна

Я гуртом купую «Дім, що зцілює» — книжку Деніела й Естер про
зцілення та звільнення дітей і підлітків, адже це саме те видання, яке
має прочитати кожен з батьків. Це та книжка, яку я хотіла б мати, коли
виховувала своїх дітей. Тому не дивно, що і їхню нову роботу «Шлюб,
що зцілює» я хотіла б мати, коли була нареченою. Мені подобається,
що її можна використовувати як напуття, як ресурс для дошлюбного
консультування чи як путівник, що допомагає парам пройти через
складні моменти. Передбачаю, що ця книжка стане основним посіб-
ником у моєму служінні, і рекомендуватиму її як весільний подарунок
молодятам.

Ліза Пайпер, засновниця «Дива визволення» і помічниця
пастора церкви The River Church, штат Кентуккі, США

Я дуже вдячний Деніелу й Естер за книжку «Шлюб, що зцілює».
Це унікальний ресурс, який пропонує конкретну допомогу для згур-
тування й зміцнення шлюбу. У наш час, коли шлюб так часто обгово-

рюють у контексті кризи чи коли концепція шлюбу загалом підлягає переосмисленню, цю книжку варто прочитати і, що важливіше, застосувати на практиці.

Кожна пара має свої проблеми, і час від часу вона проходить через труднощі, але Деніел та Естер вважають, що завжди є можливості зростати разом і не віддалятися одне від одного. Спираючись на багаторічний досвід, вони допомагають подружжю знайти ці можливості, рухатися вперед і разом досягати успіху й процвітання. Їхня глибока віра й знання Слова Божого допомагають нам краще зрозуміти Божий задум щодо шлюбу й те, що доступно нам у Христі.

Книжка «Шлюб, що зцілює» також запрошує самостійно проаналізувати головні аспекти подружнього життя й дає надію, наводячи реальні приклади оновлених і відновлених стосунків. Вона допомагає читачам побачити, де вони зазнали невдачі або припустилися помилок, і водночас відкриває шляхи до прощення й зцілення. Читання книжки «Шлюб, що зцілює» можна порівняти з відвідуванням спа-салону або санаторію: вона допомагає видалити забруднення, освіжає і дає змогу подружнім парам відчути красу й гармонію їхніх взаємин та отримати від цього глибоке задоволення.

Отець Томас Реллстаб,
колишній директор радіостанції «Марія» у Швейцарії

Близькість, яку дарує шлюб, відкриває старі рани й моральні слабкості подружжя. Усі ми потребуємо прощення, настанови й підтримки, а найкращі настанови та практичні поради ми можемо отримати від тих, хто пройшов цей зворушливий, але небезпечний шлях раніше за нас. Деніел і Естер Баумгартнери — досвідчені провідники; вони написали книжку «Шлюб, що зцілює» не тільки для того, щоби поділитися своїми проблемами й успіхами, а й для того, щоб допомогти іншим парам досягти здорових, життєствердних стосунків.

Дотримуючись запропонованих у книжці практичних порад і рекомендацій та молячись, подружжя дістане прощення за своє минуле, зцілення в сьогоденні й звільнення для спільного майбутнього. Шлюб — це благо не тільки для подружжя, він є основоположною і важливою умовою процвітання суспільства. Здоровому суспільству потрібні здорові шлюби, і ця книжка може в цьому допомогти.

Преподобний д-р Семюел Рендалл, директор радіо «Марія»
в Австралії, та пані Мір'ям Рендалл

Деніел та Естер Баумгартнери

ШЛЮБ, ЩО ЗЦІЛЮЄ

Як побудувати повноцінні й міцні стосунки

Принципи й молитви для щасливих пар

Кириченко

Київ

2024

THE HEALING MARRIAGE:
PRINCIPLES AND PRAYERS FOR FLOURISHING COUPLES
Copyright @ 2024 Daniel Baumgartner & Esther Baumgartner
Print: ISBN 978-3-9525900-0-3   ebook: ISBN 978-3-9525900-1-0
Published by Verein Bethesda Heilungsdienst
Stapferstrasse 29, 8006, Zürich, Switzerland
info@bethesda-heilungsdienst.ch
www.bethesda-heilungsdienst.ch
All rights reserved.

УДК 159.92
Б29

БАУМГАРТНЕРИ Д. ТА Е.

Б29   **ШЛЮБ, ЩО ЗЦІЛЮЄ.** *Як побудувати повноцінні й міцні стосунки*/Пер. з англ. К. : Кириченко, 2024. 178 с.

ISBN 978-966-426-280-1

Книжка допоможе вам зміцнити й розвинути подружні взаємини, перетворити їх на цілющу оазу любові, миру й дружби, відкриє принципи, що змінюють життя, і навчить застосовувати ефективні молитовні інструменти.

УДК 159.92

Релігійне видання
Деніел та Естер **Баумгартнери**
Шлюб, що зцілює
Як побудувати повноцінні й міцні стосунки

Переклад і редагування *Олена Спис*
Ілюстрації *C. Huber* (www.claudiahuber-illustration.de)
Верстка *В. Кириченко*

Формат 60×90/16. Ум. друк. арк. 4,6.

ФОП Кириченко Д. В.
Свідоцтво ДК №1714 від 16.03.2004 р. А/с 87, Київ 02002, Україна.

Віддруковано в ТОВ «Друкарня "Бізнесполіграф"»
02094, м. Київ, вул. Віскозна, 8. Свідоцтво ДК №2715 від 07.12.2006 р.

Усі цитати з Писання відповідають українському перекладу Свята Біблія: Сучасною мовою (видання Українського Біблійного Товариства 2020 року), якщо не зазначено інакше.

Відмова від відповідальності: імена, що згадуються у відгуках і прикладах, змінено задля збереження конфіденційності. Приклади створено для цієї книги на основі нашого великого досвіду молитовного служіння. Читачі самі мають адаптувати матеріал до своєї ситуації та шлюбу. Це книжка для самодопомоги, яка містить поради з питань шлюбу й стосунків, а також молитви для самостійного застосування. Вона передбачає наявність духовного світогляду, що відповідає вченню Нового Заповіту. Молитву про звільнення практикували послідовники Христа протягом усієї історії людства. Це завжди було предметом суперечок. Читачі мають проявляти обачність у застосуванні матеріалу цієї книжки. Автори та *Verein Bethesda Heilungsdienst* знімають із себе будь-яку відповідальність за будь-які проблеми, шкоду або втрати, спричинені помилками чи упущеннями в інформації та порадах, поданих у цій книжці, незалежно від того, чи є ці помилки й упущення результатом недбалості, випадковості чи будь-якої іншої причини. Автори наполягають на важливості точного визначення різниці між духовними, емоційними та фізичними проблемами й однозначно рекомендують читачам брати до уваги поради відповідних спеціалістів, включно з терапевтами, психологами чи консультантами.

ЗМІСТ

Свідоцтва   9

Подяка   11

Передмова   13

Вступ   15

ЄДНІСТЬ   19

1. **Одне серце й одна душа**   21
   У пошуках глибшого зв'язку

2. **Сила шлюбного завіту**   25
   Бог — за нас

3. **Нове творіння**   29
   Двоє стають одним

4. **Виявляємо перешкоди на шляху до єдності**   35
   Інституціоналізований хаос

5. **Долаємо перешкоди на шляху до єдності**   43
   Знайомство з молитовними інструментами

6. **Як зростати в єдності. Шість порад**   49
   Натхнення для щоденного життя

СПІЛКУВАННЯ   53

7. Закладаємо правильний фундамент   55
Спілкування сприяє розвитку стосунків

8. Визначаємо пріоритети в спілкуванні   59
Гарна комунікація — справа нелегка

9. Долаємо наші відмінності   63
Коли зіткнуться два світи

10. Убивці спілкування   67
Чого треба остерігатися

11. Від битви до повної мовчанки   73
Зловживання в сфері спілкування

12. Спілкування й розв'язання конфліктів   77
Натхнення для руху вперед

ВІДНОВЛЕННЯ   83

13. Ніде сховатися   85
Подивитися в обличчя тому, що всередині

14. Розпізнаємо гріх у шлюбі   91
Деструктивні моделі поведінки

15. Перемагаємо гріх у шлюбі   99
П'ять кроків, що приносять життя

16. Молитовний інструмент для відновлення   105
Молитви про прощення

17. Влучання в ціль   109
Учимося протистояти й зберігати зв'язок

ЗЦІЛЕННЯ 113

18. Сила зцілення в шлюбі 115
Покликані зцілювати одне одного

19. Руйнування моделей поведінки, що завдають болю 121
Зміни можливі

20. Зцілення від старих і нових ран 129
Молитви про зцілення від душевних ран

21. Розбираємося з негативними реакціями 137
Молитви про реакції

22. Коли нас мучать спогади 141
Молитви про спогади

ЗВІЛЬНЕННЯ 147

23. Сила звільнення у шлюбі 149
Ключ до відчутних змін

24. Духовний світ навколо нас 155
Бог дає нам перемогу

25. Визначаємо та закриваємо точки входу 161
Підготовка до свободи

26. Молимося про звільнення 167
Молитви про звільнення для подружніх пар

27. Досягаємо кращих результатів 171
Поєднання молитовних інструментів

ДОДАТОК

СВІДОЦТВА

«Шлюб, що зцілює» — справжнє відкриття для нас як для подружжя. У результаті поглибилися наші стосунки з Богом — третьою Особою в нашому шлюбі. Автори в живій і гумористичній формі показують, як духовні й емоційні рани можуть лежати в основі нерозуміння й незадоволеності в шлюбі. Глибоко християнське розуміння й молитви, які вони пропонують для розв'язання цих проблем, практичні та ефективні. Ця книжка — подарунок для подружніх пар будь-якого віку.

Д. і У.

Від цієї чудової книжки годі відірватися. Вона допомогла нам виявити коріння багатьох особистих проблем, які від самого початку згубно впливали на наш шлюб. Застосування практичних молитовних інструментів, описаних у книжці, сприяло величезним змінам у цих головних сферах наших стосунків. Ми були зворушені мудрістю й благодаттю Господа, що струменіли зі сторінок цієї натхненної Ним книжки. Дотримуючись рекомендації зробити паузу для молитви й роздумів наприкінці кожного розділу, ми здійснили прорив і віднайшли мир та глибоке відчуття внутрішнього щастя.

Е. та Х.

Невеликі розділи містять багато глибоких роздумів і якнайкраще підходять для тих, хто читає повільно. Ми обоє отримали користь від багатьох цінних і практичних ідей у книжці. Ми вважаємо концепції та молитовні кроки простими для розуміння й застосування.

А. та С.

ПОДЯКА

Висловлюємо глибоку вдячність:

Отцю Томасу, колишньому програмному директору радіо «Марія» у Швейцарії. Ми планували написати книжку про шлюб, коли Ви зателефонували й попросили терміново організувати радіокурс для допомоги парам, які намагаються впоратися з наслідками пандемії коронавірусу. Ми зрозуміли, що це Дух Святий спонукає озвучити послання, яке формувалося в наших серцях. Ми писали програми на ходу, що часом нервувало, але водночас захоплювало. Господь благословив радіокурс, і ми вирішили взяти його за основу книжки! Дякуємо за те, що зробили можливим проведення новаторських передач, і за підтримку вашої команди.

Олені Спис. Завдяки вашій майстерності й відданості як перекладача, ми можемо поділитися цим посланням надії, зцілення та свободи з українськими парами в усьому світі.

Дмитру Кириченку й усьому колективу «Брайт Букс». Дякуємо за позитивну підтримку й співпрацю протягом усього часу.

Нашим друзям і партнерам із *Bethesda Heilungsdienst.* Деякі з вас були на нашому весіллі, інші з'явилися в нашому житті пізніше. Але любов, молитви й підтримка кожного з вас додають нам наснаги.

І понад усе — нашому люблячому **Небесному Батьку.** Спасибі Тобі за дивовижний дар — наш шлюб, зцілювальний шлюб, укладений на небесах! Ти звів нас разом і допоміг побудувати стосунки, які перевершують усе, на що ми могли сподіватися або чого могли досягти самостійно.

ПЕРЕДМОВА

Після закінчення богословського факультету Деніел у складі місіонерської групи вирушив до Аргентини, де був одним з викладачів на семінарі зі зцілення в Буенос-Айресі. Один лікар і консультант на цих заняттях, дізнавшись, що Деніел заручений і збирається одружитися, відвів його вбік, подивився просто в очі й сказав:

— Деніеле, шлюб — це прекрасний і святий інститут, створений Богом для того, щоби приносити нам величезну радість і щастя! Не дозволяй нікому й ніколи казати тобі протилежне!

Деніел назавжди запам'ятав ці слова. Вони дуже вплинули на нього й надихнули. Ми щасливі в шлюбі вже майже тридцять років. І переконалися, що шлюб не лише приносить величезну радість і глибоке задоволення, а й може бути місцем потужного зцілення! Ми хочемо поділитися з вами цінними знаннями, які здобули за роки нашого шлюбу і які зробили це можливим. Наш досвід молитовного консультування, коли ми слухали інших людей і бачили, як їхнє життя змінюється завдяки, власне, тим молитвам і знанням, якими ми тут ділимося, спонукав написати цю книжку.

Незалежно від того, готуєтеся ви до шлюбу, нещодавно одружилися чи прожили в шлюбі багато років, ми молимося, щоб із читанням цієї книжки, молитвами й виконанням вправ ваше розуміння шлюбу, кохання й відданість одне одному міцнішали, а стосунки процвітали.

ВСТУП

Концепція цієї книжки дуже проста. Ми впевнені, що подружжя може навчитися молитися одне за одного молитвами про прощення, зцілення й звільнення. І за цих умов ті стосунки, які, можливо, складаються не дуже добре, можуть покращитися. Може, думка про те, що ми можемо молитися одне за одного й одне з одним, для вас нова, особливо якщо ви не звикли молитися в парі на глибшому рівні, а може, не молитеся взагалі. Але не хвилюйтеся! З читанням книжки ви навчитеся й почнете застосовувати на практиці прості, конкретні й ефективні принципи та молитви, що відчиняють двері до цілісності, більшої задоволеності й спільної радості.

Наш підхід ґрунтується на п'яти інструментах молитви про зцілення й свободу, які подружжя може застосовувати в молитві одне за одного. Навчитися так молитися одне за одного стало для нас відкриттям ще в перші дні шлюбу. І коли ми побачили перетворювальну силу цих молитов у наших стосунках, то почали пропонувати їх парам, які приходили на консультації. Ми побачили, що для багатьох ці молитви також виявилися дієвими!

Ми хочемо поділитися з вами цими життєво важливими ідеями й молитовними інструментами. Якщо ви хочете збагатити свій шлюб і зростати в любові та єдності або намагаєтеся подолати проблеми, що загрожують розлучити вас, ми переконані, що цей підхід допоможе вам. Якщо ви працюватимете над розділами книжки з відкритим серцем і розумом, Бог зможе торкнутися вас і задовольнити ваші потреби.

Поміркуйте над ось таким віршем із Біблії:

Отже, хто в Христі, той нове творіння; давнє минуло, — ось постало [все] нове.

2 до Коринтян 5:17

Приходячи до Ісуса як чоловік і дружина, ми можемо твердо стояти на цій обітниці: ми — нове творіння в Христі. Він створює щось нове в нас, а отже, і нове в нашому шлюбі. Це наш досвід. Усе стає новим, коли ми приходимо до Нього. Не обов'язково відразу; це процес. Але головне, щоб спершу ми прийшли до Нього.

Ми дивуємося, згадуючи, як Бог допоміг подолати багато труднощів у нашому шлюбі. Коли ми старанно вивчали Слово Боже й привчали себе приходити до Нього, слухаючи голос Його Святого Духа, Він допомагав нам виявляти духовне й емоційне коріння проблем, які псували наші стосунки та заважали нашій єдності. Потім ми стали молитися одне за одного, застосовуючи молитви про зцілення й свободу, і отримали стійкі результати. Ми дедалі більше захоплювалися тим, чого можна досягти, якщо дати Святому Духу можливість говорити з нами, а потім молитися про те, що Він нам показує. Молитва справді має величезну силу!

Молитовні інструменти, представлені в цій книжці, прості й ефективні. Ви можете адаптувати їх і застосовувати знову й знову з тим, як Святий Дух вестиме вас до кореня ваших проблем у головних сферах гріхів, образ і демонічного гніту. Ця книжка є не тільки посібником з ефективної молитви, а й робочим зошитом. Ми помістили в неї запитання й додаткові зразки молитов, які допоможуть осмислити матеріал і застосувати принципи до вашої ситуації. Це дасть вам змогу зробити потрібні кроки й досягти прогресу. Деякі теми потребуватимуть індивідуальних роздумів і молитви, тоді як інші — обговорення й молитви в парі. Якщо ви ще не можете разом обговорювати глибокі емоційні чи духовні проблеми або разом молитися про них, ви все одно можете молитися цими молитвами про своє зцілення й свободу. Це також позитивно вплине на ваш шлюб!

І нарешті, якщо ви хочете, щоб шлюб був щасливим, можливо, доведеться набути нових навичок: наприклад, навчитися краще спілкуватися й слухати; визнавати те, що ви не маєте рації, а не шукати вади в інших; виправляти ситуацію, коли щось накоїли. Вам треба навчитися ставати одним цілим на глибшому рівні. А також розпізнавати образи та сфери духовної несвободи й ефективно молитися про зцілення та звільнення.

ЄДНІСТЬ

Учимося ставати одним цілим

Розділ 1

ОДНЕ СЕРЦЕ Й ОДНА ДУША

У пошуках глибшого зв'язку

Більшість людей природно мріють про велике й вічне кохання. Хай скільки розчарувань ми пережили, хоч би скільки спостерігали їх у житті інших, ми все одно мріємо про людину, яка зрозуміє та покохає нас і яку ми покохаємо у відповідь, про партнера й друга, з яким зможемо побудувати стабільне життя і який буде поруч із нами в горі й радості. Але за цим бажанням ховається глибша потреба в сердечному зв'язку. Ми пристрасно бажаємо пізнати й бути пізнаними на глибшому рівні.

Однак для багатьох пар є невідповідність між тим, на що вони сподівалися й про що мріяли, одружуючись, і тим, що вони переживають у повсякденному житті. В одних сферах життя ми відчуваємо зв'язок і прекрасну єдність, а інші затьмарені прихованим напруженням через роз'єднаність чи відвертими розбіжностями. Чи знайомі вам такі відчуття?

Можливо, ви працювали над своїм шлюбом дуже старанно, але певне напруження залишається. «Що ж, мабуть, таким є подружнє життя, — резюмуєте ви. — Зрештою, кожна сім'я має свої проблеми!» Може, ви навіть відмовилися від своєї мрії.

Консультуючи багато пар і залишаючись щасливими в шлюбі після двадцяти семи років спільного життя, можемо запевнити, що ви не самотні, і добра новина полягає в тому, що надія є! Маючи належну допомогу, знання й інструментарій, можна подолати розлад, зміцнити зв'язок і досягти єдності та миру в усіх сферах подружнього життя!

Ми виявили, що задоволеність шлюбом багато в чому залежить від здатності до глибшого єднання. Що міцніша наша єдність і зв'язок на всіх рівнях, то більше ми задоволені своїм шлюбом. Як же нам усунути всі перешкоди на шляху до єдності й зростати разом як пара? Це, мабуть, найважливіше запитання, яке маємо собі поставити, і воно лежить в основі книжки «Шлюб, що зцілює».

Божий задум щодо шлюбу

Деяких людей лякає ідея єдності або неподільності в шлюбі. Через це вони почуваються, наче в пастці, і задихаються. Є безліч причин таких почуттів. Часто вони пов'язані з негативним досвідом у минулому. Розглянемо це пізніше й дізнаємося, як Бог може допомогти нам подолати такі переживання. Тут важливо зрозуміти, що первинний Божий задум для шлюбу полягає в тому, щоб чоловіки й дружини доповнювали, зміцнювали та насолоджувалися одне одним.

Ви, напевно, звернули увагу на малюнок на початку цього розділу, на якому зображено пару в невеликому човні. Тандемний каякінг — прекрасна ілюстрація єдності в шлюбі. Він потребує дисциплінованої взаємодії, а також практики й наполегливості. Кожен з веслярів має взяти на себе певні завдання й відповідальність. Але, працюючи разом, вони можуть регулювати і напрямок, і швидкість свого каяка. Злагоджені дії згуртованої команди дають змогу долати разом неймовірні відстані й чудово проводити час!

То як же нам навчитися «веслувати» так, щоб рухатися вперед разом, навіть коли життя стає складним і суворим? Як залишатися одним цілим і не ходити по колу або, що ще гірше, не опинитися в різних човнах?

Причин для чвар і роз'єднаності може бути багато. Ґрунтуючись на власному досвіді й багаторічній роботі з подружніми парами, ми виокремили чотири головні напрями й почергово їх розглянемо. Крім звичної теми подружнього спілкування, парам треба зрозуміти, що таке гріх і чому він може зруйнувати стосунки. Далі йтиметься про емоційні травми, які дуже ускладнюють процеси змін, і, нарешті, розглянемо духовний вимір. Розмова про невидимий світ у контексті шлюбу може бути для вас новою. Але ми вважаємо, що це важливо й не варто цього боятися.

Отже, у книжці подано такі розділи: єдність, спілкування, відновлення, зцілення й звільнення. З вивченням кожної теми ми знайомитимемо вас із практичними методами й простими перевіреними молитовними інструментами, які можна застосовувати в кожній сфері. Упевнені: коли ви навчитеся їх застосовувати, ваша єдність у парі міцнішатиме, і ви відчуватимете більше миру та щастя разом.

Пауза для роздумів

- Що для вас означає єдність у шлюбі?
- У яких сферах між вами вже є зв'язок і єдність?
- Як зміцнення єдності може змінити ваш шлюб?

Розділ 2

СИЛА ШЛЮБНОГО ЗАВІТУ

Бог — за нас

Шлюб іноді розглядають як модель регулювання правового статусу та майна двох людей, які бажають поєднати свої життя. Однак шлюб набагато більше за це! Чи знаєте ви, що насправді шлюб — це священний завіт, тобто обов'язкова обіцянка або угода про відповідальність і зобов'язання, яку укладає з нами Сам Бог? Саме Його присутність і відданість шлюбу є вирішальними чинниками:

...навіть нитка, скручена втроє, не скоро порветься.

Екклезіаст 4:12

Цей вірш викарбуваний на наших обручках, щоб нагадувати, що наш союз ґрунтується не тільки на рішенні бути разом. І навіть не на юридичному статусі подружжя, а на священному завіті, укладеному одне з одним і з Господом. Він — третя частина нитки нашого шлюбу. Краса стосунків завіту з Богом полягає в тому, що Він незмінний. Він обіцяє бути вірним, навіть коли ми невірні:

...якщо ми невірні, то Він залишиться вірним, бо Себе зректися не може.

2 до Тимофія 2:13

Дивовижним є те, що цей завіт можна поновити в будь-який момент, незалежно від того, на якому етапі розвитку стосунків ми перебуваємо і яких невдач зазнали. Це гарна новина не лише для тих, хто вже перебуває в шлюбі, а й для всіх, хто тільки замислюється про одруження! Оскільки Бог є третьою Особою в нашому шлюбі, ми завжди можемо разом побудувати новий і кращий фундамент. Він допоможе нам! Як Він любить нас, вірний нам і бореться за нас, так і ми можемо бути люблячими, вірними й боротися одне за одного.

Деякі люди одружуються, витаючи на рожевій хмарі романтичних почуттів і захопленості, але не мають достатнього досвіду будувати єдність і міцні стосунки. Вони відчувають розчарування, досаду й утому, коли виникають напруженість і проблеми. Їхня любов до партнера згасає, а віра в шлюб слабшає. Увага починає зміщуватися з партнера на себе. Якщо з'являється й посилюється розчарування або відчай, то це може призвести до охолодження стосунків або навіть до повного розриву. Але якщо ми розуміємо природу шлюбного завіту й те, що Бог за нас і перебуває з нами, усе може змінитися.

Наслідуючи приклад Христа

Якщо бути чесними, то більшість із нас, напевно, керувалася корисливими міркуваннями, ухвалюючи рішення одружитися. Можливо, ми досі схильні думати про себе набагато більше, ніж про свого партнера! Не завжди легко зробити вибір на користь інших і зосередитися на їхніх потребах, особливо коли багато людей навколо дедалі більше поглинені собою. Але в шлюбному завіті немає місця егоїзму. Егоцентризм виснажує нас, послаблює єдність і може завдати величезної шкоди.

Однак Боже серце і Його мотиви укладення з нами завіту зовсім інші, як це ясно показує приклад Господа нашого Ісуса Христа.

Говорячи про Себе, Ісус сказав:

Адже й Син Людський не прийшов, щоб служили Йому, але щоби послужити і душу Свою віддати як викуп за багатьох.

Марка 10:45

У Филип'ян 2:5-11 апостол Павло розповідає про те, як Ісус, бувши Богом і Царем усього світу, упокорив Себе й став смиренним слугою. Більшість монархів ніколи не подумали б про те, щоби помінятися місцями з одним зі своїх слуг, але саме так учинив Ісус! Він залишив свій трон і прийшов у цей світ не для того, щоби панувати, а щоб служити. Він пропонує альтернативу нашому себелюбству й егоцентризму. Демонструє серце й ставлення справжнього слуги та показує нам кращий спосіб життя.

Якщо ми хочемо (заново) завоювати серце свого партнера й разом зростати в любові та єднанні, варто наслідувати приклад Христа. Замість того щоб чіплятися за свої права й чекати, як король і королева, коли нас обслужать, ми маємо зійти зі свого трону й запитати: «Що найкраще для мого чоловіка / дружини?». Коли залишимо свій егоїзм і навчимося служити одне одному в смиренні, як це робив Христос, і в тій силі, яку Він дає, наша любов і єдність міцнішатимуть.

Пауза для роздумів

- Що змінює у вашому житті усвідомлення того, що ваш шлюб ґрунтується на священному завіті?
- У яких випадках ви егоїстично поводилися у своєму шлюбі?
- Як ви можете любити свого партнера й служити йому, наслідуючи приклад Ісуса?

Якщо потрібно, попросіть вибачення в партнера.
Ви можете сказати:

«Любий мій (ім'я). Я так шкодую, що часто ставив себе на перше місце й був егоїстом. Вибач мені, будь ласка!»

Розділ 3

НОВЕ ТВОРІННЯ

Двоє стають одним

Бог творить щось нове через шлюбний завіт. Цей завіт укладається між Богом, чоловіком і дружиною. Більше нікого немає. Однак багатьом з нас здається, що в шлюбі набагато більше людей! Наче в ньому присутні інші особи, від яких ми не почуваємося вільними. Це можуть бути наші батьки або батьки чоловіка чи дружини, брати й сестри, близькі друзі або навіть колишні партнери та інші. Важливо чесно поглянути на свій шлюб і помолитися про свободу, якщо ми не почуваємося вільними.

У цьому розділі зосередимося на двох головних напрямах: стосунки з батьками й свобода від попередніх сексуальних партнерів. Однак ці самі принципи й молитви ви можете застосувати до багатьох інших взаємин.

Стосунки з батьками

Як уже зазначали раніше, в очах Бога шлюб — це завжди нове творіння. У Книзі Буття 2:24 читаємо:

Тому залишить чоловік свого батька й свою матір і пристане до своєї жінки — і стануть вони одним тілом.

Отже, Божий задум щодо шлюбу полягає в тому, щоб чоловік і дружина, полишивши батька й матір, створили одне з одним глибокий та інтимний союз. Ми виявили, що багато проблем у шлюбі виникають через те, що чоловік, або дружина, або обоє не повністю вільні від своїх батьків на емоційному чи духовному рівні. Через нестачу такої свободи в стосунках між подружжям може виникнути напруженість.

Часто проблема полягає навіть не в тому, що батьки не хочуть відпускати своїх одружених дітей, а в тому, що з певних причин донька чи син не почуваються повністю вільними від батьків. У результаті він або вона не може рости в глибшій єдності зі своїм чоловіком або дружиною, як це задумав Бог. Але звільнення від батьків і з'єднання з коханою людиною — найважливіша умова досягнення єдності.

Більшість батьків бажають нам добра й хочуть для нас найкращого. Найчастіше вони дають поради з добрими намірами. Але пара має навчитися ухвалювати власні рішення, не відчуваючи тиску й маніпуляцій від батьків і родичів.

Запитання:

- Чи почуваєтеся ви емоційно вільними від своїх батьків?
- Чи вільний ваш партнер від батьків?

Якщо хтось із вас не почувається вільним у стосунках із батьками, можливо, вам треба помолитися й розірвати всі небажані духовні чи емоційні зв'язки з ними. Коли ми так молимося, то не кажемо, що наші батьки все робили неправильно. Ми також не засуджуємо їх. Не відкидаємо їх як людей, не відмовляємося від них і не викреслюємо зі свого життя. Ідеться лише про те, що ми можемо стати повноцінною парою тільки в тому разі, якщо спочатку підемо від батьків. Цей відхід означає також і свободу в організації власного життя й ухваленні власних рішень, навіть за наявності доброзичливих порад чи вдаваного втручання.

Коли ми здобудемо емоційну й духовну свободу від батьків з обох боків, то зможемо разом установлювати здорові межі. Також зможемо з належною любов'ю і повагою реагувати, коли бачитимемо, що межі порушують. Цей самий принцип можна застосувати й до інших стосунків. Уміння виставляти межі на різних рівнях дуже важливе, якщо хочемо зберегти глибшу єдність і насолоджуватися нею.

Молитва

Спільна молитва про свободу може бути дуже дієвою та суттєво змінити ситуацію. Ми виявили, що навіть пари, які прожили в шлюбі багато років, не завжди почуваються повністю вільними від своїх батьків. Однак наведена нижче молитва допоможе принести мир і єдність, і молитися нею ніколи не пізно. Ви можете молитися так:

«В ім'я Ісуса Христа я розриваю всі душевні зв'язки й пута між мною і моїми батьками в духовній сфері, які не від Бога. Я проголошую, що тепер одружена / одружений і живу в союзі з моїм чоловіком / дружиною як частина нового творіння, створеного Богом, яке перебуває в завіті з Ним. Тепер ми окрема й самостійна сім'я. Я дякую Тобі, Господи, за моїх батьків і благословляю їх в ім'я Ісуса».

Свобода від попередніх сексуальних партнерів

Хороший секс у шлюбі оживляє та освіжає стосунки, приносить відчуття загального щастя, задоволення, безпеки й належності. Це зміцнює єдність і наповнює обох партнерів новими силами й життям. Оскільки секс має таку силу, апостол Павло закликає подружні пари не нехтувати ним і не брати за звичку не спати разом:

Не ухиляйтеся одне від одного, хіба що за згодою, тимчасово, коли перебуваєте в [пості й] молитві, — і знову будьте разом, щоб сатана не спокушував вас нестриманістю вашою.

1 до Коринтян 7:5

Павло не каже про те, що сексом треба займатися за командою. Ми люди, а не роботи, тому важливо приділяти час створенню романтичної атмосфери, у якій обоє почуваємося комфортно, можемо відкритися й відчувати бажання одне до одного. На секс впливає і те, що відбувається в стосунках загалом. Хороше спілкування, уміння швидко справлятися з образами, швидко прощати одне одного — усе це сприяє створенню атмосфери, у якій секс приноситиме задоволення, і ми розглянемо ці питання в наступних розділах.

У цьому розділі основну увагу приділено тому, що ми маємо стати єдиним цілим, однак цього може бути важко досягти, якщо ми не вільні від попередніх сексуальних партнерів. Це пов'язано з тим, що, коли ми займаємося сексом поза захисними межами шлюбного союзу, виникають гріховні душевні зв'язки. Духи, що не належать Богу, можуть увійти в наше життя через іншу людину. Це забирає нашу внутрішню свободу. У партнера також може виникнути відчуття, що хтось або щось заважає зв'язку.

Якщо раніше були сексуальні партнери, важливо розірвати будь-які емоційні й духовні зв'язки, що встановилися з ними, щоби повністю з'єднатися зі своїм чоловіком чи дружиною, як це задумав Бог.

Запитання

- Чи почуваєтеся ви вільними від попередніх сексуальних партнерів?

Молитва

Якщо ви не почуваєтеся вільними, пропонуємо помолитися такою молитвою:

«Ісусе, пробач мені те, що я займався сексом з __________. Будь ласка, прости мені й очисть мене. В ім'я Твоє я розриваю зв'язок з (ім'я, якщо відомо) ________ у духовному світі й розриваю всі гріховні душевні зв'язки. Я кажу кожному духу, який увійшов у мене через цей зв'язок, щоб він негайно покинув мене в ім'я Ісуса».

Часто під час цієї молитви люди відчувають важкість або напруження в тілі, а потім легкість чи відчуття свободи, коли згадують про колишнього партнера. Повторюйте цю молитву для кожної людини чи ситуації, яку Святий Дух приведе вам на думку, поки не відчуєте повну свободу. Якщо у вас залишилися рани від колишніх стосунків, їх також треба зцілити. Як це зробити, розглянемо в розділі, присвяченому зціленню.

Примітка. Не завжди буває доречно обговорювати попередні сексуальні стосунки з чоловіком чи дружиною. Це може завдати їм болю або збентежити. У такому разі помоліться цими молитвами наодинці із собою.

Розділ 4

ВИЯВЛЯЄМО ПЕРЕШКОДИ НА ШЛЯХУ ДО ЄДНОСТІ

Інституціоналізований хаос

Як веслярі в тандемі можуть легко збитися з ритму, якщо відвернути їхню увагу, так і подружні пари можуть з різних причин несподівано втратити злагодженість. Виявлення того, що саме порушило єдність, — перший крок до її відновлення. У цьому розділі розглянемо, як мовні й культурні відмінності, брехня й негативні моделі поведінки можуть систематично перешкоджати нашим зусиллям досягти згуртованості. Щойно ми зрозуміємо, що відбувається, ситуація почне змінюватися.

Мовні й культурні відмінності

Наш шлюб — це суміш трьох національностей і чотирьох культур! Деніел родом зі Швейцарії, Естер — британо-швейцарка, яка народилася й провела свої дитячі роки в Кенії. Невдовзі після весілля ми переїхали до Аргентини, де прожили десять років, і там народилися наші троє дітей. Таке розмаїття культур і мов, безумовно, додало нашому життю барв і зробило його цікавішим, та водночас нам довелося докласти чимало зусиль, щоб досягти того рівня єдності, яким ми сьогодні насолоджуємося як пара й сім'я. Навчитися розуміти одне одного було не завжди просто.

Мова — кумедна штука. Чи траплялося у вашому житті так, що ви сказали одне, а співрозмовник зрозумів геть інше, до того ж ніхто з вас цього не усвідомив? Батьки Деніела полюбляють розповідати історію про те, як його мати познайомилася з родиною його батька. Мати Деніела родом із Цюриха, а батько — з Берна. Якщо ви хоч щось знаєте про Швейцарію, то розумієте, що в культурному й мовному аспектах це різні регіони, попри те що вони розмовляють однією основною мовою і відстань між ними — трохи більше ніж година їзди! У неділю після церкви хтось підійшов до матері Деніела й сказав густим бернським діалектом: «Я багато чув про вас. Нічого, крім хорошого!». Але для його матері це прозвучало так: «Я багато про вас чув. Нічого хорошого!». Вона була шокована й подумала: «О ні! Що ж я такого зробила, що люди такої поганої думки про мене?». Уявіть, яке полегшення вона відчула, коли дізналася, що все це було лінгвістичним непорозумінням. І що всі її люблять!

Мовні й культурні відмінності можуть заважати нам рухатися до глибшої єдності, тому варто знайти час, щоби поміркувати над усіма відмінностями й спробувати зрозуміти одне одного. Якщо ви боретеся з культурними чи мовними проблемами у вашому шлюбі, не втрачайте надії! Єдність можлива навіть у міжкультурних чи багатомовних шлюбах. Просто для цього може знадобитися трохи більше віри, терпіння й рішучості!

Коли брехня стає проблемою

Якось ми сиділи в кав'ярні, насолоджуючись митями тиші. Зайшла літня пара й сіла до столика поряд з нашим. Через деякий час жінка раптом голосно сказала: «Знаєш, останнім часом ти так багато мені брешеш, що я більше не вірю жодному твоєму слову!». Ми зустрічали чимало людей, які, як і той чоловік, ставляться до правди скептично. Ми вважаємо, що таке ставлення — одна з причин краху багатьох взаємин. Якщо ви не знаєте, що саме сталося в тій чи іншій ситуації, що стало причиною образи, болю, втрати чи хаосу, то важко дійти згоди в тому, хто перед ким і за що має просити вибачення. А ще важче простити одне одного й рухатися далі разом у мирі, єдності й довірі.

Брехня переважно залишає по собі слід розчарування, гіркоти та образи. Ці негативні реакції, зі свого боку, можуть розростатися й гноїтися всередині нас, формуючи підґрунтя для подальших чвар і розладу. Говорити правду важливо в будь-яких стосунках, не тільки в шлюбі. Коли люди брешуть і спотворюють факти для власної вигоди, будь-які стосунки стають напруженими! Якщо брешуть вам, ви можете відчути, що постійно сумніваєтеся в іншій людині. Чи говорить він / вона правду? А якщо ні, то чому? У чому може бути правда? Що він / вона мені не говорить?

Багато людей змалечку, удома чи в школі, учаться перекручувати події так, щоб їх не звинуватили. Якщо їм вдається уникнути покарання, брехня швидко стає звичкою, яку вони беруть із собою в доросле життя, а нерідко й у шлюб. Але спотворення правди, хоч би як ви намагалися це подати, те саме, що брехня, і саме так до цього треба ставитися. Гарна новина в тому, що навіть дорослі люди можуть навчитися говорити правду й визнавати свою провину там, де це потрібно. Ми не маємо бути досконалими весь час. Бог милостивий, терплячий і прощає. Проте ми мусимо визнавати свої помилки й мати рішучість змінити свої вчинки.

Запитання для роздумів:

- Чи важко вам говорити правду?
- Чи була брехня проблемою у вашій родині?

Молитва

Правда звільняє нас і зміцнює довіру. Якщо брехня є проблемою у вашому житті, то, щоб отримати свободу, ви можете скористатися такими молитовними кроками:

1. Пробачте всім батькам, родичам або предкам, для яких брехня була / є проблемою.
2. Попросіть Бога пробачити вам за те, що грішите, не ставлячись до правди серйозно і обманюючи. Прийміть Боже прощення.
3. Як подружжя, попросіть одне в одного вибачення, якщо ви брехали одне одному. (Це може стосуватися й тільки одного з подружжя.)
4. Якщо ваш партнер збрехав вам, принесіть увесь біль, який ви відчуваєте через це, Ісусу. Попросіть Його зцілити вас від болю.
5. Зречіться духа брехні й накажіть йому залишити вас в ім'я Ісуса Христа. Моліться, аж поки не відчуєте себе вільним.

Негативні моделі поведінки

Якщо ми не будемо обережними, то наші негативні дії та реакції можуть перетворитися на повторювані форми поведінки, які віддаляють нас одне від одного, забирають у нас надію та висмоктують енергію. Але їх можна розпізнати й подолати. Ми виявили, що більшість подружніх пар у той чи інший момент стикалися з негативними моделями поведінки в шлюбі. Багато з них можна виявити, проаналізувавши свої суперечки. Чи є певні слова, погляди, жести або ситуації, які зазвичай призводять до одних і тих самих старих суперечок чи сварок?

Деякі з цих негативних звичок можуть мати давнє коріння. Можливо, ми роками дотримувалися небажаних моделей поведінки. На додаток до цих негативних звичок, що сформувалися із часом у результаті нашої взаємодії в парі, ми могли принести у свій шлюб негативну поведінку й ставлення. Це додатковий шар проблем, з якими треба боротися з тим, як рухаємося до зміцнення єдності в парі.

Приклад: дорослішання в умовах залежності й насильства

Ми працювали з багатьма жінками, які мали, на їхню думку, погані стосунки з батьком. Можливо, він був алкоголіком і схильним до насильства в стані алкогольного сп'яніння. Мая — одна з таких жінок. З дорослішанням у її серці зародилася глибока недовіра до чоловіків, а в голові вкоренилося неправильне мислення. У глибині душі вона боїться, що всі чоловіки схожі на її батька або принаймні можуть стати такими, як він. Та одного разу Мая зустрічає Роба, і він здається їй хорошою людиною. Вони закохуються одне в одного й одружуються. Але вона так і не змогла розібратися у своїх стосунках із батьком. Глибоко вкорінена недовіра до чоловіків залишилася. Хоча Мая цього не усвідомлює, її основне переконання стосовно чоловіків, а отже і її чоловіка, є таким: «Вони безвідповідальні, їм не можна довіряти, і на них не можна покладатися. Для мене найкраще й безпечніше все робити самій і не підпускати чоловіка надто близько». Вона бере на себе ініціативу в домі й тримає Роба на безпечній емоційній дистанції. Як Роб може відреагувати на вербальну чи невербальну вказівку дружини на те, що йому не можна довіряти? Ну, він, безумовно, здогадається про почуття дружини. На якомусь рівні він зрозуміє, що вона йому не довіряє. Це прикро будь-якому чоловікові й зазвичай призводить до конфлікту. Хоча цей приклад може здатися занадто спрощеним, він слугує ілюстрацією того, як негативні моделі можуть бути закладені на самому початку життя та як недовіра може вплинути на шлюб.

Щоб зруйнувати цю негативну модель поведінки, Мая має захотіти й бути готовою поглянути на свої стосунки з батьком і проаналізувати, як вони вплинули на неї. Можливо, їй знадобиться зцілення від різних болісних спогадів. Їй також треба простити батькові те, що він скривдив і підвів її та всю сім'ю. Може, їй треба звільнитися від духу недовіри до чоловіків. Або ж їй доведеться попросити вибачення в Бога й Роба за те, що вона взяла все на себе й контролювала чоловіка своєю недовірою. Робу також треба попросити вибачення в Бога та Маї, якщо він реагував на її поведінку й сигнали гнівом та агресією або пасивністю й відстороненістю.

Це лише один приклад із безлічі можливих негативних моделей стосунків між чоловіками й дружинами, які ми як молитовні консультанти спостерігали у своїй багаторічній роботі. Але ми також бачили, як Бог допоміг безлічі пар зруйнувати їхні негативні моделі поведінки й отримати зцілення та свободу.

Святий Дух веде нас і допомагає виявити перешкоди на шляху до єдності, які ховаються глибоко всередині нас. Він чудово допомагає нам знайти й викинути «сміття», якого треба позбутися. Він допомагає очистити наше життя й шлюб, щоб ми могли зростати в єдності та відчувати більшу радість і задоволення разом.

Пауза для роздумів

- Чи є у вашому шлюбі негативна модель поведінки?

- Чи призводять одні й ті самі ситуації до одних і тих самих сварок? Якщо так, то коли з'явилася ця негативна модель поведінки? Вона наявна від самого початку вашого шлюбу чи її провокують певні слова, погляди або ситуації?

Розділ 5

ДОЛАЄМО ПЕРЕШКОДИ НА ШЛЯХУ ДО ЄДНОСТІ

Знайомство з молитовними інструментами

Коли ми визначили перешкоди на шляху до єдності, як нам упоратися з гріхами, образами й духами, які їх підживлюють? Ефективний спосіб зробити це — скористатися молитовними інструментами зцілення й звільнення. Далі в різних розділах ми познайомимо вас із кожним і покажемо, як їх застосовувати й поєднувати. Ми дуже любимо ці інструменти й користувалися ними для розв'язання багатьох конфліктів у нашому шлюбі! У кожному випадку Святий Дух показував нам, де криється проблема та які кроки треба зробити, щоби подолати її і знову віднайти мир, як це показує наступний приклад з нашого життя.

Гнів без видимої причини

Якось я, Деніел, розсердився на Естер, але гадки не мав чому! Здавалося, що якісь її слова викликали негативну реакцію, яку я не розумів. Я сказав собі: «Не хочу весь день злитися чи несправедливо звинувачувати свою дружину. Попрошу Святого Духа показати, що відбувається всередині мене!».

Під час молитви я раптом згадав школу, у якій навчався в дитинстві, і одну з учительок. Я не зміг одразу побачити зв'язок між тим, що відчував зараз (злість на дружину), і цим спогадом. За винятком того, що Естер — кваліфікована вчителька. Але коли я задумався про це, то зрозумів, що саме Святий Дух намагається мені сказати! Річ у тім, що ця вчителька часто поводилася з нашим класом дуже несправедливо. Ми весь час були в напруженні, намагаючись угадати, до кого вона причепиться наступного разу, і сподіваючись, що ми не зробили нічого такого, що могло б її розсердити.

Мені спало на думку, що я так і не пробачив тій людині. А оскільки вона була нашою вчителькою протягом трьох років і ми мали з нею справу щодня, у мені накопичилося багато злості! Я ніколи ні з ким не говорив про це й не відпускав. Але Святий Дух знав, що це досі всередині мене. Він допоміг мені нарешті виразити всю несправедливість того, що відбувалося. Використовуючи молитовні інструменти, я зміг віднести свій гнів до Ісуса й покласти його до підніжжя хреста, а також пробачив учительці за те, що вона тероризувала нас у класі.

Після такої молитви я одразу ж відчув спокій. Злість на Естер зникла, що стало полегшенням для нас обох! Якби я не знав, що можу попросити Святого Духа показати мені корінь мого гніву та як із ним упоратися, то міг би весь день перебувати в поганому настрої і врешті посваритися з дружиною. Як видно з цього прикладу, ми можемо засмучуватися або злитися на свого партнера зовсім не тому, що він сказав чи зробив щось погане! Можливо, певні слова, погляди чи дії викликають реакцію, пов'язану з чимось іншим у нашому житті, що треба опрацювати. Така реакція може бути ознакою того, що треба пробачити комусь або визнати давню образу й отримати зцілення.

Багато людей пригнічують емоційний біль, заганяють углиб, ховають, не дозволяючи собі виразити його і належно впоратися. Замість того щоб отримати внутрішнє зцілення й рухатися далі, ми живемо з незрозумілим гнівом, образою і непрощенням. Але Святий Дух може показати нам, де і в чому справжня проблема. Він може зцілити й звільнити нас!

Проблеми поколінь

Іноді проблеми, з якими стикаються люди, як-от брехня, ненависть або непрощення, насправді були в їхній сім'ї протягом багатьох поколінь. Такий «багаж» поколінь може обтяжувати й заважати відчути глибоке кохання, щиру дружбу та єдність, яких ми так прагнемо.

Молитовні роздуми про сім'ю, у якій ви народилися, можуть стати ефективним кроком у подоланні поколінних перешкод на шляху до єдності в шлюбі. У Біблії сказано, що гріхи попередніх поколінь можуть позначитися на їхніх нащадках аж до третього й четвертого поколінь (див.: Вихід 20:5). Ми бачили підтвердження цього на прикладі багатьох подружніх пар, з якими спілкувалися протягом багатьох років. Так само тенденція до повторення певних гріхів часто переходить із покоління в покоління, аж поки хтось не покладе цьому край.

Варто придивитися, чи немає у ваших сім'ях негативних рис характеру або поведінки, з якими кожен з вас стикається в шлюбі. З повагою подивіться на життя своїх батьків, дідусів, бабусь, прадідусів і прабабусь і порівняйте його зі своїм. Чи боровся хтось із них з тими самими проблемами, що й ви?

Наприклад, ми обоє мали проблеми з гнівом. Ми могли дуже сильно розлютитися й заподіяти одне одному біль своїми спалахами. У певні моменти на нас ніби навалювалося щось, що не було частиною нас самих, і це було дуже важко контролювати. Ми зрозуміли, що цей сильний гнів властивий сім'ям з обох сторін, і вирішили покінчити з ним. Застосовуючи молитву про звільнення від гніву, описану в цьому розділі, ми пробачили нашим предкам за те, що гнів передався нам як духовна спадщина, і покаялися в тому, що грішимо. Потім ми звеліли духу гніву піти з нашого життя, і він пішов. Відтоді ми вміємо правильно контролювати гнів і справлятися з ним, і ми не мали серйозних подружніх конфліктів, пов'язаних із гнівом.

Якщо ви боретеся з проблемами поколінь, які впливають на вашу подружню єдність, не втрачайте надії. Як і ми, ви можете звільнитися! Ми маємо ворога в невидимому світі, який не хоче, щоб ми були щасливі разом. Він хоче, щоб ми сварилися, піддавалися гніву й урешті-решт втратили єдність, сповнившись болю, жалю до себе чи навіть ненависті одне до одного. Але Бог дав нам потужну зброю — дієві молитовні інструменти, за допомогою яких ми можемо покласти край планам ворога й зруйнувати його владу в нашому житті та шлюбі.

Іноді партнеру легше побачити негативні риси й проблеми в нашому житті, ніж нам самим. Але якщо ми підійдемо до цього питання із взаємною любов'ю та смиренням, то здивуємося тому, що зуміємо виявити разом. Після того як визначили поколінні проблеми, які є в нашому житті, ми готові принести їх Ісусу. Пам'ять про Його жертву за нас на хресті допоможе простити батькам і предкам те, що вони передали нам свої риси, а також за наслідки їхніх гріхів, які можуть впливати на нас сьогодні. Це також налаштовує на покаяння в тих гріхах, які ми терпимо та які чинимо.

Запитання

- Чи можете ви назвати будь-які негативні риси, гріхи або проблеми, притаманні вашій родині?
- Чи є вони у вашому шлюбі сьогодні? Якщо так, то як вони впливають на ваші взаємини?

Молитва про свободу

Ви можете скористатися такими молитовними інструментами, щоби принести ці проблеми Богові:

1. Розкажіть Ісусу, від чого ви хочете звільнитися.
2. Простіть тим членам своєї родини, які передали вам цю негативну схильність.
3. Попросіть Бога простити вам за повторення гріхів предків.
4. Накажіть духу, що стоїть за цим гріхом, залишити вас в ім'я Ісуса Христа.
5. Подякуйте Ісусу за те, що Він звільнив вас!

Приклад: молитва про гнів, що передається від покоління до покоління

Щоб звільнитися від родового гніву, насамперед треба простити своїм предкам те, що вони утримували гнів у своєму житті. Потім попросіть Бога простити вам те, що ви чините той самий гріх. Попросіть у Нього прощення за ті випадки, коли ви своїм гнівом заподіяли біль іншим.

Молитва може бути такою:

«Любий Господи Ісусе, я хочу бути вільним від гніву!
Я прощаю своїм предкам те, що вони утримували
гнів у своєму житті й передали цю схильність мені.
Прошу також пробачити мені напади гніву й те, що

в гніві я завдавав болю іншим. Я наказую духу гніву залишити мене негайно в ім'я Ісуса Христа».

Коли ви молитеся про звільнення, то можете відчути фізичну реакцію у своєму тілі. Це може бути відчуття нудоти, тиск у голові, шлунку або грудях, якого не було до початку молитви. Ви можете відчути раптову легкість або як щось покидає вас. Ми часто саме так відчували звільнення. Важливо молитися, аж поки не відчуєте спокій і не переконаєтеся, що дух пішов. Якщо це сталося, ви помітите різницю. Наприклад, виявите, що здатні краще контролювати себе в деяких ситуаціях, які раніше викликали лють.

Примітка. Кроки молитви про звільнення можна застосувати й до інших проблем, як-от ненависть до чоловіків або жінок, страх, потреба контролювати, гіркота тощо.

Розділ 6

ЯК ЗРОСТАТИ В ЄДНОСТІ. ШІСТЬ ПОРАД

Натхнення для повсякденного життя

Практичні рішення часто йдуть пліч-о-пліч із молитвами про зцілення й звільнення. Ми завершуємо цей розділ переліком шести речей, які ви можете зробити вже сьогодні, щоби посприяти зростанню й зміцненню любові, дружби та зв'язку між вами. Сподіваємося, що цей короткий перелік пожвавить вашу уяву, надихне на власні творчі ідеї та допоможе знайти те, що найкраще підходить саме вам.

1. Їжте разом

Спільна трапеза створює почуття єднання, сприяє спілкуванню й дружбі. Розглядайте сніданок / обід / вечерю не лише як можливість отримати поживні речовини й рідину, щоб не знесиліти, а і як золоті моменти у вашому дні або тижні, коли разом можна насолодитися проведеним часом, поспілкуватися й дізнатися про справи.

2. Заплануйте побачення

Незалежно від того, чи ви одружені кілька місяців або кілька десятків років, ви все одно можете ходити на побачення, як і до весілля. Деякі пари забувають про це! Домовтеся про час, який підходить вам обом, і запишіть дату у свій щоденник. Потім виконайте заплановане. Побачення не обов'язково має бути вишуканим чи дорогим. Головне — присвятити час тільки собі й провести його так, щоб це сподобалося вам обом.

3. Спільні справи

Багато пар роблять домашні справи й проводять дозвілля порізно. Однак за такого підходу в подружжя може залишатися мало часу, який вони провели б удвох. Намагайтеся робити якомога більше разом і допомагати одне одному. Ретельно плануйте вільний час. Дізнайтеся, що любить ваш партнер, будьте готові підлаштуватися під його інтереси й робити те, що подобається вам обом. Спільне планування поїздок, цікавих заходів або свят дасть вам обом привід для радості й допоможе зберегти свіжість вашого кохання.

4. Робота над спільними проєктами

Зосередження на чомусь, що виходить за межі подружжя, може бути дуже корисним. Допомога іншим, участь у церковному житті чи в проєктах за місцем проживання, підтримка благодійних організацій або навіть гра в місцевій спортивній команді — усе це дає змогу зростати й робити свій внесок. Не обов'язково виконувати разом усе. Але цікавтеся тим, що робить ваш партнер, і за потреби підтримуйте його.

5. Шукайте скарби

У процесі усунення перешкод на шляху до єдності легко зациклитися на негативних моментах і на тому, що потребує змін. Постійно нагадуйте собі про те чудове, що є у вашому шлюбі. Подумайте про хороші риси свого партнера. Що йому чи їй особливо добре вдається? Що вам найбільше в ньому чи в ній подобається? Кожен із нас дорогоцінний, створений чудовим Богом. Навіть якщо вам доведеться пошукати трохи довше й старанніше, ви обов'язково знайдете у своєму партнері щось прекрасне.

6. Прогуляйтеся сторінками пам'яті

Замисліться на хвилину й запитайте себе: чому я кохаю чоловіка / дружину? Що в ньому чи в ній мене захоплювало або приваблювало? Які спогади про наше спільне життя мені найбільше подобаються?

Проведіть час, згадуючи, як ви знайшли одне одного, і радіючи тому, що ви є одне в одного сьогодні. Послухайте улюблену пісню, яка була важливою для вас, коли ви починали зустрічатися, або відвідайте місце, яке було особливим для вас обох. Поділіться спогадами про те, як ви зустрічалися та як жили в шлюбі. Дайте одне одному зрозуміти, що незалежно від того, через що ви пройшли або з чим можете зіткнутися, «ти, як і колись, кохання всього мого життя!».

СПІЛКУВАННЯ

Учимося спілкуватися краще

Розділ 7

ЗАКЛАДАЄМО ПРАВИЛЬНИЙ ФУНДАМЕНТ

Спілкування сприяє розвитку стосунків

Це мав бути найщасливіший день у нашому житті. Але він здавався найжахливішим. Принаймні протягом тридцяти хвилин, поки я, Деніел, стояв біля входу до ошатно убраної церкви, вдивляючись у занепокоєні обличчя друзів і родичів, що зібралися стати свідками нашого союзу. Або того, що, як вони сподівалися, буде нашим союзом, оскільки моя наречена ще не приїхала... Я стиснув щелепи й придушив у собі почуття тривоги, що наростала, намагаючись змусити себе мислити раціонально. Естер не вирізнялася пунктуальністю, я це знав. Але вона обіцяла мені, що сьогодні, у день нашого весілля, вона обов'язково буде вчасно. Залишалося два варіанти. Або вона потрапила в страшну аварію дорогою до церкви. Або ж вона була однією з отих наречених-утікачок...

На щастя, жоден зі сценаріїв не справдився. Просто через непорозуміння їй довелося затриматися в перукарні. У ті часи ще не було смартфонів, тому Естер попросила когось, хто їхав до церкви, повідомити, що вона скоро буде. Але цього когось відірвали раптові технічні проблеми, і повідомлення мені так і не передали!

З різних причин комунікація може піти не так, як хотілося б, що призводить до образ, розчарувань і невдоволення. На жаль, це був не останній наш казус у спілкуванні, упродовж наступних років ми мали й інші інциденти. Деякі з них ускладнювалися тим, що ми говорили різними мовами й походили з різних культурних середовищ. Але ми зрозуміли, що якщо хочемо бути щасливими разом і мати міцний, здоровий шлюб, то маємо докласти зусиль і навчитися краще спілкуватися одне з одним.

Сьогодні ми можемо сказати, що наша наполеглива праця принесла плоди. Нині ми перебуваємо зовсім на іншому рівні спілкування, ніж тоді, коли багато років тому складали обітниці перед радісно схвильованою громадою. Ми віримо, що, як і ми, будь-яка пара, незалежно від того, наскільки складним може бути спілкування в цей момент, з Божою допомогою, маючи знання, правильне розуміння й інструменти, може навчитися спілкуватися краще.

Гарна й погана комунікація

Ми можемо спілкуватися на різних рівнях, не промовляючи жодного слова. Адже спілкування — це набагато більше, ніж просто говорити чи слухати одне одного. Ми спілкуємося за допомогою міміки, очей, дій, поз, дотиків і сексуальних відчуттів. Усі ці канали спілкування дають нам змогу об'єднувати й пов'язувати наші життя, а без спілкування не може бути справжніх стосунків.

Хороші комунікативні навички — це не обов'язково те, з чим ми народжуємося. Багато хто з нас має навчитися добре спілкуватися. Ще до створення світу Бог — Отець, Син і Святий Дух — перебували в спілкуванні та взаєминах один з одним. Але Бог любить також спілкуватися з нами, людьми, і робить це по-різному! Наприклад, Він говорить з нами за допомогою творіння, щоб кожен міг почути й зрозуміти. Іноді Він звертається до нас безпосередньо й особисто через яскраві сни чи думки. В інших випадках Він говорить, використовуючи обставини чи інших людей. Але головним чином Бог говорить з нами через Своє Слово — Біблію. Тому не дивно, що в Біблії багато сказано про спілкування! Ось лише кілька прикладів того, як треба говорити й слухати:

- *«Знайте, мої улюблені брати: кожна людина нехай буде швидкою до слухання, стримана в словах, повільна на гнів»* (Якова 1:19).

- *«Лагідна відповідь заспокоює гнів, а вразливе слово викликає обурення»* (Притча 15:1).

- *«Жодне погане слово хай не виходить з ваших уст, а тільки добре для зміцнення [віри], щоб воно принесло благодать тим, хто слухає»* (До Ефесян 4:29).

- *«Дехто говорить нерозважливо, — наче рубає мечем, а мова мудрих лікує»* (Притча 12:18).

- *«Слово ваше нехай завжди буде ласкаве, приправлене сіллю, щоб ви знали, як вам належить кожному відповідати»* (До Колосян 4:6).

- *«При багатослівності не уникнути гріха, а хто стриманий у своїх висловлюваннях, той розумний»* (Притча 10:19).

Як видно з цих біблійних віршів, спілкування може мати як позитивний, так і негативний вплив. Те, що ми кажемо, і те, як ми це кажемо, дуже важливо! Як добрі, так і грубі слова мають силу й наслідки. Гарне спілкування зцілює і зміцнює іншу людину. Вибір правильних слів і відповідей дає змогу запобігти гріху й уникнути непотрібних конфліктів. Погане спілкування, навпаки, ображає і провокує гнів. Воно завдає болю, принижує і призводить до гріха. Коли це відбувається між чоловіком і дружиною, результатом стає розділення й відчуження. Якщо єдність робить шлюб міцним і сильним, то розділення послаблює його.

Уживаючи заходів для оздоровлення й поліпшення спілкування, ми можемо подолати розділення й відновити єдність. А коли єдність відновлюється завдяки кращому спілкуванню, відкривається шлях до прекрасних, романтичних стосунків. Відчуття розуміння одне одного неоціненне й відчиняє двері до повнішого сексуального задоволення. І навпаки, романтика й сексуальна близькість страждають у стосунках, де немає гарного спілкування. Якщо ви не відчуваєте, що вас розуміють, то навряд почуватиметеся дуже близькими одне до одного, а частота і якість ваших занять коханням, найімовірніше, знизяться.

Пауза для роздумів

- Чи траплялися у вашому шлюбі казуси в спілкуванні?
- У яких сферах ви добре спілкуєтеся одне з одним?
- У яких сферах ви могли би поліпшити своє спілкування?

Розділ 8

ВИЗНАЧАЄМО ПРІОРИТЕТИ В СПІЛКУВАННІ

Гарна комунікація — справа нелегка

Як подружжя, ми не застраховані від духовної битви, що точиться в невидимому світі. У нас є ворог, який насолоджується тим, що перешкоджає спілкуванню й сприяє непорозумінню між нами, де тільки можливо. Такою є його стратегія. У давньогрецькій мові, якою написано Новий Заповіт, ворог наших душ називається *diabolos*. Цей іменник походить від грецького дієслова *diabollo*, що означає «звинувачувати», «обмовляти» або буквально «заплутувати». Коли ми звинувачуємо одне одного, погано відгукуємося про свого партнера перед іншими, то послаблюємо чи навіть руйнуємо наш шлюб. Натомість добрі слова й приязне ставлення одне до одного зміцнюють стосунки.

Ми пам'ятаємо, як готувалися до від'їзду з Аргентини, де жили й працювали впродовж десяти років. Останні кілька тижнів були особливо напруженими. Ми не знали, назавжди їдемо чи повернемося за кілька місяців. Треба було ухвалити багато рішень і повністю передати нашу роботу місцевим працівникам, а також зібрати речі й подбати про безліч дрібниць. Крім того, ми мали підготуватися до майбутніх візитів до церков Англії, які вірою і правдою підтримували нас протягом багатьох років. Маючи трьох маленьких дітей, про яких треба було піклуватися, ми переживали складний період у нашому шлюбі, і наші нерви були на межі. Траплялося, що замість по-дружньому поговорити про те, що треба зробити й хто чим займеться, ми починали дорікати й звинувачувати одне одного! Пізніше ми змогли поговорити про це й попросити вибачення за заподіяні образи. Але, озираючись назад, ми розуміємо, що могли б краще підтримувати одне одного, якби від початку більше спілкувалися.

Змінюємо погляд на речі

Уявіть чоловіка, який прийшов додому втомленим і пригніченим. У нього був важкий день на роботі, сповнений проблем і переживань. Він нічого не говорить дружині й намагається не показувати, що щось не так. Але всередині він усе одно засмучений і трохи занепокоєний тим, як розвиваються події. Дружина не запитує в нього, як минув день, і не знає, що він дуже засмучений. На її думку, усе добре!

Якщо ми не говоримо своєму чоловікові або дружині про те, як або чому так почуваємося, то це може призвести до непорозуміння, напруження чи сварки. Ми можемо легко образитися чи розсердитися на кохану людину, коли насправді засмучені або стурбовані чимось іншим. Замість пояснити, що трохи нервуємо з тієї чи іншої причини або просто погано почуваємося, ми робимо боляче своєму чоловікові або дружині.

Якщо ви комунікабельні від природи, то, імовірно, вам буде легше поділитися подіями у вашому житті й своїми почуттями з цього приводу. Якщо ж ви не дуже балакучі або не звикли ділитися з іншими, то вам може знадобитися допомога в цьому питанні. Найчастіше річ не в тім, цікавлять вас інші чи ні, хоча мовчання може свідчити про це. Можливо, ви просто не звикли говорити про себе, свої почуття й думки та не знаєте, з чого почати й що сказати.

Так само ніхто з нас не може читати думки свого чоловіка або дружини, хоча багато хто думає, що може! Тому доводиться вдаватися до інших способів дізнатися, що насправді почуває наш партнер. Один з найкращих способів — ставити запитання. Відомо, що бесіду веде той, хто запитує. Ставлячи запитання, ви показуєте, що зацікавлені в співрозмовникові. Для початку можна просто запитати чоловіка або дружину, що вони робили цього дня. Або яким видався їхній день. На цьому етапі ви можете просто обмінюватися інформацією. Потім переходьте на рівень емоцій, запитуючи вже про почуття. Наприклад, чи не було їм важко, або як вони сприйняли те, що хтось їм сказав. Або чи турбує їх те, що сталося, тощо.

Не засипайте партнера запитаннями, адже це може швидко перетворитися на допит! Натомість навчіться знаходити слушний момент і ставити такі запитання, які свідчитимуть про вашу щиру зацікавленість і турботу. Шукайте можливість спілкуватися на цьому рівні щодня, і тоді ви обоє будете в курсі того, як ідуть справи в кожного з вас.

Створення культури довіри

Одного разу ми консультували подружню пару, де чоловік походив із дуже бідної сім'ї, члени якої рідко спілкувалися одне з одним, обмежуючись обміном загальною інформацією. Хоча вони збиралися разом за обідом, кожен намагався поїсти якомога швидше й виходив з-за столу, щоби працювати далі або робити домашні справи. Нестача спілкування й зв'язку з іншими членами сім'ї в дитинстві призвела до відчуття ізоляції та самотності, яке збереглося й у дорослому житті. Він відчайдушно хотів іншого життя для своїх дітей і ухвалив свідоме рішення створити у своєму домі культуру спілкування, відмінну від тієї, у якій він зростав у дитинстві. Ми порадили йому почати зі спілкування з дружиною і дітьми під час приймання їжі. Навчившись ставити прості запитання й уважно вислуховувати відповіді, він зміг створити у своєму домі атмосферу більшої довіри й близькості. Цей чоловік сказав нам, що почувається набагато ближчим до дружини й дітей, ніж раніше.

Можливо, те, як спілкувалися у вашій родині, коли ви зростали, вплинуло на ваше спілкування з чоловіком / дружиною, дітьми та іншими людьми сьогодні? Як і цей чоловік, ви можете почати все з чистого аркуша. Ви можете вже зараз зробити кроки до створення іншої культури у вашому шлюбі й домі. Почати ніколи не пізно. Жоден крок не може бути занадто маленьким!

Пауза для роздумів

- Наскільки легко вам дізнатися, як справи у вашого чоловіка / дружини й що він / вона почуває?

- Як вплив вашого виховання може позначатися на спілкуванні у вашому шлюбі сьогодні?

- Яку культуру спілкування ви хотіли би бачити у своєму шлюбі?

Розділ 9

ДОЛАЄМО НАШІ ВІДМІННОСТІ

Коли зіткнуться два світи

Спілкування завжди було для нас певним викликом. Естер зростала в Кенії та Англії, і для неї рідною є англійська мова. Деніел виріс у Швейцарії, і його рідна мова — німецька. Тож від самого початку наших стосунків доводилося стикатися з деякими мовними й культурними бар'єрами, і ми коротко торкнулися цього в контексті єдності в попередньому розділі.

Мовні бар'єри

Ми обоє від природи комунікабельні, і кожен з нас добре володіє мовою іншого. Однак ми часто стикалися з непорозумінням і були розчаровані якістю нашого спілкування. Одного разу ми зрозуміли, що більшість наших проблем у спілкуванні мають спільну рису: ми часто або не повідомляли важливих деталей, або висловлювалися так, що співрозмовник не міг цього чітко зрозуміти.

Якщо здається, що ми зрозуміли слова співрозмовника, це не означає, що ми автоматично зрозуміли, що він насправді сказав. Деякі слова можуть означати різні речі в різних контекстах. І навіть коли між нами єдність і ми відчуваємо близькість одне до одного, інформація та ідеї в голові одного з нас не синхронізуються автоматично з інформацією та ідеями в голові іншого!

Наведене далі емпіричне правило допомогло нам поліпшити спілкування і звести до мінімуму непорозуміння:

- Скажіть те, що ви хочете сказати, чітко.
- За потреби повторіть це по-іншому.
- Перевірте, чи зрозумілі партнеру сенс сказаного й деталі.

Культурні особливості

Гарна комунікація в міжкультурному шлюбі, як у нас, — не лише питання вивчення мови одне одного, хоча це, звісно, допомагає! Увага до мовних і культурних нюансів — не менш важлива умова для запобігання непорозумінням.

Наприклад, англієць, перебуваючи в гостях, може ввічливо вказати на те, що йому холодно, сказавши господареві: «Сьогодні дещо прохолодно, хіба ні?». Насправді він має на увазі: «Мені холодно, чи не могли б ви зачинити вікно?». В Англії таке зауваження, найімовірніше, сприймуть так: гість не хоче нав'язувати співрозмовникові свою волю або завдавати незручностей, але він має потребу. Господар, найімовірніше, відповість пропозицією зачинити вікно.

Пересічний швейцарець у такій самій ситуації, найімовірніше, просто запитає: «Ви не заперечуватимете, якщо я зачиню вікно?». Або просто підведеться й зачинить вікно, не запитуючи про це. Хоча це стереотипні приклади (напевно, є швейцарці й англійці, які поводяться по-іншому), суть у тому, що культура додає до спілкування між подружжям свої особливості, на які треба зважати. Це стосується навіть тих, хто походить з однієї країни, але з різних географічних регіонів, у яких люди поводяться по-різному.

Окрім основних культурних відмінностей, ми також маємо різні характери й стилі спілкування. Раніше Деніел іноді казав: «Просто скажи мені одним коротким реченням, що ти маєш на увазі!». Він не звик до того, що люди натякають на щось, і не бачив безпосереднього зв'язку з тим, що намагалася сказати Естер. Їй було прикро, що він, як їй здавалося, не докладає зусиль уважно вислухати й спробувати зрозуміти її думку. Одного разу нас осяяло, що це теж почасти питання культури! Естер зрозуміла, що Деніел не думав про те, що їй здається нав'язуванням казати деякі речі прямо, а Деніел зрозумів, що йому треба шукати підтекст у її словах і терпляче просити роз'яснень за потреби.

Ми чули про одну подружню пару, яка відвідала семінар з питань спілкування. Лектор розповідав про проблеми, з якими стикаються міжкультурні пари в такій країні, як Швейцарія, з її різними мовами, діалектами й культурами. Несподівано подружжя зрозуміло, у чому причина напруженості й конфліктів у їхньому шлюбі. Дружина була родом з німецької частини Швейцарії, а чоловік — з італійської. У культурному плані вони мали різні життєві пріоритети. Вона знаходила сенс у своїй роботі, тоді як для нього цінністю й метою були взаємини. Усвідомивши це, вони почали набагато краще розуміти й приймати одне одного.

Створення унікальної культури шлюбу

Коли ми вступаємо в шлюб, Бог творить щось нове. Зокрема, і можливість побудувати в нашому шлюбі унікальну культуру, що ґрунтується на чітких біблійних цінностях і принципах, використовуючи за цих умов найкраще з того, що кожен з нас приносить у шлюб зі свого минулого. Коли йдеться про людські традиції та ідеї, нам, можливо, доведеться піти на компроміс і знайти золоту середину, яка влаштує обох. Взаємоповага до походження й культурної ідентичності одне одного дуже важлива. Ми маємо навчитися бути щедрими й терплячими, дозволяти одне одному бути самими собою без зайвої критики. Зрештою, незалежно від того, з яких світів ми прийшли та які між нами відмінності, якщо ми хочемо міцного шлюбу, то обоє маємо бути готовими навчатися мистецтва компромісу. Одного разу ми познайомилися з парою, яка пізно уклала шлюб, і, на жаль, чоловік не хотів або не міг звільнити місце у своєму житті для нової дружини. Його обурювало все, що несло зміни в його парубоцький спосіб життя, і зрештою він відштовхнув її.

Пауза для роздумів

- Чи існують у ваших стосунках мовні бар'єри?
- Чи стикаєтеся ви з культурними труднощами у вашому шлюбі?
- Яку унікальну культуру ви хотіли би бачити у своєму шлюбі? Які кроки могли б зробити разом для цього?

Розділ 10

УБИВЦІ СПІЛКУВАННЯ

Чого треба остерігатися

Якщо ми не будемо обережними, то можемо «вбити» розмову ще на самому її початку, поставивши хрест на тому, що могло б стати плідною бесідою. У цьому розділі розглянемо чотири основні аспекти, на які треба звернути увагу: вибір слів, тон і гучність голосу, вираз обличчя й нарікання. Якщо ми докладатимемо свідомих зусиль у кожному з цих аспектів, то покращиться не тільки наше спілкування в парі, а й атмосфера в родині загалом.

Вибір слів

У Біблії ми читаємо, що смерть і життя у владі язика (див.: Притча 18:21). Наші слова можуть принести життя або смерть. Саме тому в Біблії язик названо вогнем, безупинним злом; ним ми благословляємо Бога й проклинаємо людей (див.: Якова 3:3-9).

Деякі слова можуть завдати серйозної шкоди стосункам. Ми можемо сказати зопалу речі, що, як ми знаємо, завдадуть болю іншій людині. Але все одно їх говоримо. У такі моменти наш шлюб схожий на що завгодно, тільки не на місце зцілення! Гарна новина полягає в тому, що ми можемо вільно обирати слова, які підтримують і зміцнюють нашого партнера, а не ті, що його руйнують. Деякі люди погоджуються із цим теоретично, але вважають, що в певних ситуаціях вони все одно мають право говорити образливі речі. Така позиція зазвичай антипродуктивна й роздмухує полум'я конфлікту. За роки нашого служіння ми бачили багато прикладів, коли такий підхід поширювався, наче пожежа, по всій родині. Батьки й діти раз у раз ображають одне одного словами, які вони не мають права вживати. Якщо це не зупинити, така звичка може стати смертельно небезпечною для сім'ї.

У перші роки нашого шлюбу ми теж потрапили в пастку вживання зневажливих та образливих слів, які говорили в запалі суперечки. Але невдовзі зрозуміли, наскільки це згубно для наших стосунків, і з Божою допомогою вирішили покласти цьому край. Ми попросили одне в одного вибачення й пообіцяли не вживати певних слів, хай би як сильно сердилися одне на одного. Свідоме рішення стежити за своїми словами сприяло більшому миру в нашому шлюбі. Якщо це і ваша проблема, ми закликаємо вас ухвалити таке рішення вже сьогодні.

Уникати образливих слів — не означає уникати складних розмов або замовчувати суперечності. Навпаки, важливо знайти час, щоби поговорити й залагодити розбіжності. Підготуйтеся до такої розмови, домовившись про час і місце, зручне для вас обох. Визначте одну-дві теми для спільного обговорення й не відхиляйтеся від них. Перш ніж почати розмову, помоліться в серці: «Духу Святий, дай мені Свої лагідні й добрі слова!». Нагадайте собі, що каже Біблія:

Приємні слова подібні до стільникового меду, — вони солодкі для душі й цілющі для кісток.

Притча 16:24

Пам'ятайте, що тон голосу, гучність і вираз обличчя в поєднанні з нашими словами можуть викликати в співрозмовника негативні емоції. У певний момент він згадає ситуацію, коли зіткнувся з кимось, хто говорив щось подібне схожим тоном, з такою самою гучністю або мав такий самий вигляд, як ви. Емоційно він почувається так, ніби знову опинився перед колишнім учителем, вимогливим батьком, владною сестрою чи ще кимось. Якщо ви вважаєте, що це відбувається, варто разом помолитися про зцілення й звільнення від ран минулого. Як це зробити, ми розповімо в наступних розділах.

Тон і гучність голосу

Багато в чому тон, або те, як ми говоримо одне з одним, так само важливий для гарного спілкування, як і слова. Наприклад, якщо ви говорите щось тоном, у якому відчувається нетерпіння, співрозмовник, найімовірніше, подумає, що ви роздратовані чи засмучені. Це може бути так, а може, і ні. Іноді наша діяльність негативно впливає на те, як ми розмовляємо з людьми поза роботою. Наприклад, учителі, які звикли давати вказівки й вичитувати учнів, іноді можуть видаватися владними поза класом. Вони мають бути особливо обережними, щоб не говорити повчальним тоном удома. Але навіть фермерам може знадобитися допомога в цьому питанні! Одного разу нам зателефонувала дружина швейцарського фермера, який мешкає в горах, і сказала, що вона мало не в розпачі. Здавалося, її чоловік не міг відрізнити дружину від корів, бо розмовляв з усіма однаково грубим тоном!

Так само, якщо ваша робота передбачає мало розмов, може бути важко перемкнутися в режим живого спілкування вдома, або, навпаки, ви можете компенсувати це надмірною балакучістю! Хай якою є ваша ситуація, варто звернути увагу на те, як ви розмовляєте одне з одним. Будьте готові скоригувати свій тон, щоб не образити й не спровокувати партнера невиправдано.

Гучність також відіграє важливу роль у спілкуванні. Гучний голос часто сприймається як передвісник агресії та насильства. Якщо ви знаєте, що на вас чекає складна розмова, де все може вийти з-під контролю, варто підготуватися заздалегідь. Подумайте про те, яким буде тон вашого голосу, як говорити тихіше і як зберегти щирий вираз обличчя. Ви можете потренувати міміку й самовладання, стоячи перед дзеркалом та уявляючи можливі варіанти розмови.

Вираз обличчя

Людське обличчя, як ви, напевно, помітили, може бути дуже виразним! Не промовляючи жодного слова, ми показуємо мімікою щастя, доброзичливість, інтерес, співчуття, нетерпіння, гнів, страх, нудьгу й багато іншого. Насправді за допомогою міміки ми можемо повідомити значно більше, ніж здається. Якщо не будемо обережні, то змусимо іншу людину почуватися невпевнено або ніяково. У неї може навіть скластися хибне уявлення про те, що ми відчуваємо.

Ось що каже про вираз обличчя Біблія:

…Мудрість людини освітлює її обличчя, і пом'якшує його суворі риси.

Екклезіаст 8:1

Уважно подивіться на себе в дзеркало. Зверніть увагу на вираз свого обличчя. Він світлий і привітний, чи, навпаки, ви маєте суворий погляд або вигляд? Іноді треба дозволити Богу перетворити наші суворі риси на усмішку.

Нарікання й скарги

Деякі люди схильні в усьому бачити негатив. Як наслідок, вони постійно скаржаться й критикують. Їм важко побачити позитивне в чомусь або в комусь. Можливо, ви знаєте таку людину?! У шлюбі таке ставлення може бути виснажливим і робити життя вельми важким. Але апостол Павло каже:

...за все дякуйте, бо це Божа воля в Ісусі Христі щодо вас.

1 до Солунян 5:18

Ми з'ясували, що зосередженість на негативі й постійні скарги можуть отруїти життя! Але вдячність — найкращий спосіб подолати негативне ставлення, побороти поганий настрій і позбутися звички скиглити й скаржитися. У молодості Деніел мав можливість на власному досвіді переконатися в силі вдячності й руйнівному впливі негативу. Бувши молодим студентом-теологом, він не зміг знайти підхоже житло поблизу свого факультету в Базелі й зрештою оселився в будинку для літніх людей! Спочатку він зрадів, що взагалі знайшов кімнату, а смачна їжа й послуги з прибирання компенсували незвичні обставини. Але, як виявилося, спільні з літніми людьми побут і трапеза багато чого навчили й збагатили внутрішній світ і Деніела, і стареньких.

За час перебування в цьому будинку він вирізнив два типи пожильців. Тих, хто був задоволений життям і позитивно налаштований. І тих, хто був незадоволений, постійно скаржився й для кого персонал, здавалося, не міг зробити нічого путнього. Одна літня жінка справила на Деніела незабутнє враження. Одного разу вона сказала: «Денні, життя — це як веслування в човні. Правою рукою ми маємо славити Бога, а лівою — дякувати. Коли ми робимо й те й інше, наш човен рухається вперед!».

Яка чудова ілюстрація! Яка глибока духовна істина, застосовна й до шлюбу. Коли замість того, щоб скаржитися й нарікати, ми віддаємо Богові хвалу та подяку за все, Він може діяти в нашому шлюбі й допомагати рухатися вперед разом.

Пауза для роздумів

Подумайте про своє спілкування в парі:

- Які слова ви вживаєте в спілкуванні одне з одним?
- Чи часто ви підвищуєте голос?
- На вашу думку, що ваше обличчя каже вашому партнеру?
- Чи часто ви бурчите або скаржитеся вдома?

Розділ 11

ВІД БИТВИ ДО МОВЧАНКИ

Зловживання в сфері спілкування

Чи можете ви уявити собі, що живете з кимось під одним дахом, але не кажете одне одному жодного слова? Багато років тому, відвідуючи в Англії церкву, що надавала нам фінансову підтримку, ми почули про подружжя, яке протягом вісімнадцяти років вело мовчазну війну, кінця якій не було видно. Вони посварилися й просто перестали спілкуватися.

Терапія мовчанням

Деякі люди ігнорують свого партнера й відмовляються розмовляти з ним у певних ситуаціях, нехай це й не триває вісімнадцять років! Але свідоме відсторонення від партнера або відмова спілкуватися з ним ранить його й може негативно позначитися на будь-якому шлюбі. Причин такої поведінки може бути чимало: і образа, і бажання покарати партнера або маніпулювати ним, щоб домогтися свого, і відсутність надії на те, що розмова щось змінить.

Іноді мовчання може допомогти запобігти подальшій ескалації або агресії. Але ми говоримо про ігнорування партнера й категоричну відмову спілкуватися з ним. Це рідко розв'язує глибинні проблеми в шлюбі. Напруження може на деякий час ослабнути, конфлікт вщухнути, і «нормальне» спілкування відновиться, але якщо ми не доберемося до тієї точки, де зможемо все обговорити й навчитися долати розбіжності, то фактично накопичуємо проблеми. Замість того щоб розв'язати конфлікт, ми мовчанням завдаємо болю своєму партнеру й безмовно підкидаємо хмиз у вогонь. Насправді ми кажемо: «Я не хочу з тобою розмовляти й урегульовувати наші розбіжності. У будь-якому разі вина не моя, а твоя. Тож поки ти не визнаєш своїх помилок і не попросиш вибачення, нам нема чого сказати одне одному».

Пам'ятайте, що спілкування — це не тільки розмова. Це і погляд, і дотик, і секс, і багато іншого. Тому відмова партнеру в будь-чому з цього, наприклад з метою покарати його, також є формою відмови в спілкуванні, і її треба уникати.

Залякування

Якщо ми не будемо обережними, спілкування також може стати зброєю залякування. Виразом обличчя, вибором слів, тоном і гучністю голосу ми можемо свідомо чи несвідомо тиснути на партнера, змушуючи його робити те, чого хочемо ми, або покращувати свій емоційний стан завдяки йому.

Як ми вже зазначали в попередньому розділі, у владі язика життя й смерть, він здатний зміцнити або зруйнувати наш шлюб. Тому те, що та як ми говоримо, має велике значення, якщо хочемо мати шлюб, який зцілює і приносить задоволення, у якому ми обоє почуваємося впевнено й у безпеці, коли обмінюємося інформацією, висловлюємо свої почуття й думки, ділимося ідеями та мріями.

* * *

У попередніх розділах ми розглянули деякі з найбільш поширених бар'єрів, які перешкоджають якісному спілкуванню в шлюбі. Можливо, ви вже визначили сфери, над якими треба попрацювати, щоби поліпшити спілкування у ваших стосунках? З Божою допомогою ви можете навчитися спілкуватися краще. Але майте на увазі, що в процесі роботи вам також може знадобитися зцілення й звільнення від старих образ, які впливають на те, як ви спілкуєтеся в шлюбі. Ми переконані, що Бог хоче, щоб ми були по-справжньому щасливі в шлюбі. Одначе важливо чесно подивитися на своє життя та зробити потрібні кроки, щоб розібратися з негативним досвідом чи багажем з минулого. Це дасть найкращі шанси створити й зберегти здоровий шлюб. Якщо ми емоційно здорові, то зцілюватимемо нашого партнера. Проте якщо ми емоційно зранені й у духовних путах, то, найімовірніше, завдамо болю своєму чоловікові або дружині та людям, які нас оточують.

Згадаймо попередження й неймовірне твердження, які містяться в прочитаному раніше вірші:

*Дехто говорить нерозважливо, — наче рубає мечем,
а мова мудрих лікує.*

Притча 12:18

Щодо шлюбу можна сказати таке: якщо ми здорові всередині й старанно контролюємо свій язик, то наш шлюб стане чудовим місцем зцілення, оазою, де наші слова й наше спілкування приносять зцілення обом!

Пауза для роздумів

- Чи доводилося вам коли-небудь влаштовувати своєму партнерові терапію мовчанням?

- Чи намагаєтеся ви карати, контролювати свого партнера чи маніпулювати ним словами або тоном голосу?

- Чи потребуєте ви зцілення або звільнення від досвіду минулого, який негативно впливає на ваше спілкування в парі?

Розділ 12

СПІЛКУВАННЯ Й РОЗВ'ЯЗАННЯ КОНФЛІКТІВ

Натхнення для руху вперед

Удосконалення навичок спілкування й розв'язання конфліктів у шлюбі може бути складним завданням, але іноді кілька простих кроків у правильному напрямі суттєво змінять ситуацію. Ми завершуємо цю частину шістьма порадами, які допоможуть знайти правильний напрям і рухатися вперед. Ви не зможете зробити все одразу, тому розбивайте завдання на етапи й ставте перед собою досяжні цілі. Головне — почати з чогось і працювати над удосконаленням разом.

1. Не здавайтеся!

Є ціла низка чинників, що сприяють підвищенню ефективності спілкування. Але перший і, мабуть, найважливіший —

це ваше бажання. Якщо ви хочете навчитися краще спілкуватися з чоловіком чи дружиною, то ухваліть сьогодні тверде рішення рухатися в цьому напрямі. Ви можете, наприклад, вирішити:

- Попрацювати над тим, щоб зрозуміти всі культурні й мовні відмінності між вами (це не завжди легко і, ймовірно, потребуватиме великого терпіння).
- Говорити тихіше й утримуватися від крику.
- Не кидати на партнера несхвальних поглядів, не дивитися на нього зневажливо й не намагатися змусити його робити те, що хочеться вам.
- Утримуватися від нецензурної лексики та образ, навіть якщо ви засмучені. Ваш партнер — не боксерська груша.
- Тримати канали спілкування відкритими. Уникати обструкції, не відмовляти в сексі тощо задля покарання.
- Перестати скаржитися, прискіпуватися або критикувати партнера, себе чи інших. Натомість зосередитися на тому, щоби бути вдячним за будь-яких обставин, як учить 1 Солунян 5:18.
- Сказати ще речення чи два. Переконатися, що ваш партнер уловив основні моменти й розуміє, що ви кажете.

2. Знайдіть час

Багато пар вважають доцільним планувати подружній вечір або вечір-побачення, щоб створити сприятливе середовище для спілкування. Розмовляючи й слухаючи одне одного, постарайтеся розслабитися та подивитися одне одному в очі. Спробуйте поділитися думками, почуттями й поточними труднощами. Що вам обом подобається в цей момент? Що дається важко? Чого ви боїтеся, на що сподіваєтеся й про що мрієте? Ідея полягає в тому, щоб не обмежуватися розмовами про список справ, погоду, політику, бізнес, кар'єру або релігійні питання.

Хоча такі теми можуть сприяти розвитку дискусії, розмова про почуття, страхи й мрії виводять спілкування на абсолютно новий рівень і допомагають краще зрозуміти, чим живе ваш чоловік чи дружина.

Стежте за тим, як реагуєте на інформацію, якою ділиться ваш партнер. Такі коментарі, як: «Невже ти міг бути таким дурним?» або «Я не здивований, що ти втрапила в таку халепу!» — не спонукають вашого чоловіка або дружину знову показати слабкість перед вами! Важко відкритися, коли боїшся бути відкинутим або висміяним. Постарайтеся проявити емпатію, навіть якщо не до кінця розумієте, що відчував і через що проходить ваш партнер.

Це допоможе створити атмосферу довіри й прийняття у вашому спілкуванні.

Якщо ми принесемо у свій шлюб менталітет продуктивності й ефективності, властивий сучасному світові, то, найімовірніше, знищимо одне одного, незалежно від того, скільки часу проводитимемо в розмовах. Шлюб має бути оазою, де ми можемо розслабитися далеко від стресу повсякденного життя й намагань бути досконалими. Він має бути прихистком, де ми любимо й приймаємо одне одного беззастережно та заохочуємо бути кращими, наскільки це можливо. Коли таке відбувається, моменти спілкування в шлюбі стають моментами зцілення, а не стресу.

3. Виявіть гірке коріння

Раніше ми вже зазначали, що бажання покращити спілкування — це перший крок до його вдосконалення. Наступним кроком має стати бажання виявити гірке коріння, яке може заважати нашому спілкуванню. Чи є якась тема, про яку ви більше не хочете говорити з чоловіком чи дружиною, або та, яка спричиняє тривогу за кожної згадки про неї? Можливо, ви все ще почуваєтеся скривдженими й не пробачили партнерові те, що він зробив чи сказав? Може, ви просто розчаровані тим, що розмови в минулому нічого не змінили, і вам просто не хочеться більше намагатися?

Святий Дух може показати вам гірке коріння, яке заважає вашому спілкуванню. Він може спрямувати розмову й допомогти вам примиритися в цих сферах.

4. Прощайте одне одному

Щойно ви виявите гірке коріння, вирішіть із Божою допомогою простити своєму партнерові й відпустити образу. Зупиніться на мить і подивіться, яку реакцію викликає у вас це рішення. Чи зможете ви пробачити, чи це буде важко? Іноді не вдається пробачити одразу. Можливо, вам знадобиться певне зцілення й звільнення, перш ніж ви зможете повністю простити.

5. Плануйте ділові зустрічі

Гарне планування та розподіл справ і обов'язків можуть значно знизити напруженість і ймовірність конфліктів. Заплануйте ділові подружні зустрічі, щоб обговорити практичні питання, пов'язані з домом і сім'єю. Вирішіть, що, хто й коли має зробити. Ось кілька прикладів того, що ви можете обговорити на таких зустрічах:

- планування подружніх вечорів або вечорів-побачень;
- планування дозвілля, поїздок і свят;
- успіхи, потреби й запити дітей чи онуків;
- потреби літніх батьків чи інших родичів;
- нові покупки;
- прибирання та прання;
- оновлення або ремонт оселі;
- роботи в саду й у дворі;

- ремонт автомобіля чи велосипеда;
- прохання інших людей щось зробити;
- зустрічі з друзями;
- участь у роботі церкви чи служінні;
- діяльність, пов'язана з благодійними організаціями чи клубами;
- інше...

Перед кожною зустріччю складіть перелік запитань, які ви обоє хочете обговорити. Призначте дату й час, які влаштують вас обох. Домовтеся про тривалість зустрічі, наприклад тридцять хвилин або година. Дотримуйтеся узгодженого порядку денного й часу. Намагайтеся підбити підсумки й ухвалити практичні рішення. Якщо ви не можете дійти згоди в певному питанні, домовтеся повернутися до нього пізніше.

6. Будьте поблажливі й терпеливі

З віком багато хто з нас помічає, що час від часу щось забуває. Нам самим не так багато років, але ми помічаємо, що це часом трапляється з нами й нашими друзями! Хай якою є причина, забудькуватість іноді спричинює роздратування й напруженість у шлюбі.

Ми можемо вважати, що якщо щось зрозуміло нам, то це зрозуміло й нашому партнерові. Потім з'ясовується, що для нього це зовсім не так. Або він просто забув якусь важливу інформацію, яку зазвичай пам'ятає. У таких ситуаціях дуже важливо бути терпеливими й поблажливими одне до одного! Якщо ми швидко обговоримо перед майбутнім заходом те, про що домовилися, або перевіримо ще раз і переконаємося, що кожний з нас має правильне розуміння того чи іншого питання, це допоможе залишитися на одній хвилі. Записування важливих дат і зустрічей або складання переліку справ також буде помічним, якщо виникають проблеми з пам'яттю.

Пауза для роздумів

- Яку роль ви можете відіграти в створенні культури довіри у вашому шлюбі?
- Чи є гіркий корінь, що отруює ваше спілкування?
- Як ділові зустрічі можуть принести користь вашим стосункам?
- Чи є забудькуватість проблемою у вашому шлюбі? Якщо так, то як ви можете допомогти одне одному краще запам'ятовувати події, інформацію, дати тощо?

ВІДНОВЛЕННЯ

Учимося перемагати гріх

Розділ 13

НІДЕ СХОВАТИСЯ

Подивитися в обличчя тому, що всередині

Давньогрецький поет Софокл розповідає трагічну історію царя Едіпа. Через гординю та хибне судження він убиває свого батька й одружується зі своєю матір'ю! У давньогрецькій літературі така неналежна поведінка часто позначається терміном «гамартіа», що в перекладі означає «схибити», «не влучити в ціль». Стародавній світ добре знав цей термін і його значення. Тому не дивно, що автори Нового Заповіту вибрали це слово для опису поняття «гріх».

Якщо бути чесними, то всі ми припускаємося помилок. Усі ми не влучаємо в ціль Божого благословення, найкращого, що Він має для нас, і не справляємося з певними завданнями в нашому житті й шлюбі. Іншими словами, ми всі винні в гріху. А коли так, то всі потребуємо прощення або очищення знову й знову.

Боротьба з гріхом — це перша з трьох головних сфер, що сприяють постійному відновленню нашого внутрішнього світу, нашого єства. Що більше відновлюється внутрішній чоловік чи жінка, то міцнішим і прекраснішим буде шлюб. Дві інші сфери — зцілення від душевних ран і звільнення від демонічного гніту — розглянемо у двох останніх розділах.

Неспроможність

Шлюб — це, мабуть, те місце, де наша неспроможність або гріховність проявляється найбільш виразно. Багато людей можуть зберігати пристойний вигляд поза домом, принаймні якийсь час. Але в шлюбі дуже важко щось приховати одне від одного. Рано чи пізно наші слабкості й хиби виявляться. У шлюбі ми стикаємося з тим, що є в глибині наших сердець. Проте також отримуємо можливість спостерігати з першого ряду за тим, що відбувається в житті нашого партнера.

Щось із того, що ми бачимо, може бути хорошим і викликати ще більшу любов і захоплення. Але щось може бути потворним, і з ним важче змиритися. Можливо, саме страх надто зблизитися з іншою людиною, відкрити те, що ми воліли б зберегти в таємниці, утримує багатьох людей від шлюбу, а інших — від роботи над своїм шлюбом на глибшому рівні. Однак щоб досягти щастя в шлюбі, маємо бути готові подивитися правді в очі. Ми говорили про гріх як про хибу або невлучання в ціль. Та про яку ціль ідеться? Апостол Павло дає нам відповідь:

...адже всі згрішили й позбавлені Божої слави.

До Римлян 3:23

Ціль, або мета, — це святість, яка відображає славу Божу в усьому, що ми думаємо, говоримо, робимо й відчуваємо. Ніхто, крім Христа, не досягав цієї мети й тому не може стверджувати, що досконалий. Усім нам до цього дуже далеко. Досконала людина могла стати чоловіком чи дружиною мрії, але, на жаль, таких людей не існує!

Що швидше ми приймемо реальний стан речей, то швидше зможемо розібратися з усім своїм внутрішнім сміттям. Якщо ми не впоралися з гріховними думками, словами й учинками до одруження, то, найімовірніше, принесемо їх із собою в шлюб. Гріхи не з'являються нізвідки, коли ми одружуємося. Найімовірніше, те, що вже є глибоко всередині нас, виривається на поверхню під впливом близькості партнера. Насправді це добре. Тому що ми віримо: Божий план для нас, подружжя, полягає в тому, щоб ми допомогли одне одному подолати нашу гріховність, щоб святість і слава Божа могли відновитися в нашому житті й проявитися в кожній сфері нашого буття.

Виклик близькості

У духовній сфері чоловік і дружина злилися воєдино та стали новим єдиним цілим. Апостол Павло пише про це так:

> *Тому чоловік залишить батька й матір та пристане до своєї дружини, і будуть обоє одним тілом.*
>
> До Ефесян 5:31

Грецьке слово, яке Павло використовує для опису того, як ми стаємо одним тілом, — *proskollaomai*. По суті, це означає, що нас, як подружню пару, склеїв Бог. Як уже зазначали раніше, така близькість, або єдність, ускладнює приховування чогось одне від одного. У певний момент наші недоліки й слабкості вийдуть на поверхню та стануть помітними. Люди по-різному реагують на це. Багато хто просто мириться з тим, що медовий місяць закінчився, що вони діятимуть одне одному на нерви, кривдитимуть одне одного, що їхні стосунки можуть навіть охолонути. Інші розлучаються й переходять до наступного партнера. А хтось і зовсім відмовляється від шлюбу й вирішує, що йому краще бути одному.

Найкращий спосіб розв'язання цієї проблеми — дозволити тому поганому, що є в нас, вийти на поверхню нашого життя під керівництвом і контролем Святого Духа. А потім молитися одне за одного. Молитовні кроки, про які ми розповімо далі, допоможуть у цьому. Бог хоче, щоб шлюб був місцем відновлення й зцілення. Щоб це сталося, ми маємо бути готові відкрити своє життя для Його Святого Духа. Дозвольте Йому вказати, що саме не так і що треба змінити.

Відновлення можливе

Ми з'ясували, що, маючи рішучість і з Божою допомогою, будь-яка людина може відвернутися від гріха й відновитися. Але чи помічали ви, що цьому світу часто бракує часу й терпіння до людей, які схибили? Їх швидко засуджують, визнають нікчемними й не зважають на них. Можливо, це відбувається тому, що багато людей не вірять у зміни. Остерігайтеся такого мислення у своєму шлюбі: воно неминуче веде до розділення й конфліктів.

Ми знали одного чоловіка, який був щасливий у шлюбі, — принаймні так він думав. Одного разу його дружина прийшла додому й ні сіло ні впало сказала, що він їй набрид і вона хоче розлучитися. Цей приклад може здатися дивним, але деякі люди тримають у пам'яті вчинки свого партнера й затаюють образу. Урешті-решт вони вирішують, що з них досить, і з'їжджають, іноді без жодного видимого попереднього конфлікту. Їм просто все набридло, і вони йдуть.

Набуваючи навичок хорошого спілкування й уміння висловлювати образу, обурення чи розчарування, ми, безумовно, можемо запобігти подібним трагічним результатам. Однак варто піти ще далі й розібратися з гріховним ставленням і поведінкою в шлюбі. Якщо ми припустилися помилки або чимось скривдили чоловіка чи дружину, то маємо швидко визнати це й попросити вибачення. Дуже важливо швидко пробачити й помиритися. Якщо довго не можемо помиритися, є ризик, що гіркота пустить коріння й руйнуватиме шлюб.

Біблія попереджає про це:

Пильнуйте, щоб ніхто не був позбавлений Божої благодаті, аби хто не наробив прикрощів, коли випустить гіркий корінь, та щоб ним багато хто не опоганився...

До Євреїв 12:15

Пауза для роздумів

- Чи вірите ви, що людина може змінитися?
- Чи готові ви прийняти свій внутрішній світ?
- Чи тримаєте ви (в голові або в серці) список провинностей вашого партнера?

Розділ 14

РОЗПІЗНАЄМО ГРІХ У ШЛЮБІ

Деструктивні моделі поведінки

Найбільш значні зміни в нашому шлюбі відбулися, коли ми стали уважніше придивлятися до своїх гріхів. Ми зрозуміли, що негативні риси характеру, як-от гнів, нетерплячість, егоцентризм або образливість, насправді були гріхами, що отруюють стосунки. У Біблії таке ставлення й поведінку названо «вчинками тіла»:

Учинки тіла очевидні, а саме: [перелюб], розпуста, аморальність, безсоромність, ідолослужіння, чародійство, ворожнеча, сварки, заздрощі, гнів, суперечки, розділення, єресі, злоба, п'янство, гульня і тому подібне...

До Галатів 5:19-21

Знову й знову нам доводилося ухвалювати рішення не миритися з такими речами у своєму житті! Коли Господь звертав нашу увагу на той чи інший гріх, ми спочатку досліджували, що каже про нього Біблія. Зверталися до біблійної симфонії і знаходили всі вірші, у яких згадувався цей гріх, щоб зрозуміти, що Бог думає про нього і як він впливає на наше життя. Роздуми над цими віршами готували до моменту, коли ми справді розкаювалися й не хотіли більше мати нічого спільного з цим гріхом! Це допомогло по-справжньому відвернутися від гріха й попросити в Бога прощення. Роздуми про наслідки гріха допомагали протистояти спокусі повернутися до нього. У Біблії цей процес називається покаянням. Грецьке слово *metanoia*, перекладене як покаяння, буквально означає зміну розуму, переосмислення. Іншими словами, це зміна нашого бачення гріха і нашого уявного права грішити. Наприклад, якщо ви маєте звичку словесно ображати свого партнера під час суперечок, гарним прикладом покаяння (зміни розуму чи ставлення) буде відмова від вживання образливих слів. Це перший крок до шлюбу, позначеного любов'ю та справжньою духовністю.

Основні характеристики гріха

Як розпізнати гріх у нашому житті чи шлюбі? Гріх має руйнівні наслідки. Він забирає в нас мир і радість, руйнує стосунки. Гріх штовхає в хибному напрямку, ставить на шлях неспокою, що зрештою призводить до руйнування й духовної смерті. Але Бог хоче дати нам благодать і життя:

Адже заплата за гріх — смерть, а Божий дар благодаті — вічне життя в Ісусі Христі, нашому Господі.

До Римлян 6:23

Тому важливо бути пильними й уважними, щоб розпізнати гріх у житті й шлюбі та розібратися з ним до того, як він завдасть занадто великої шкоди. Бог у Своїй великій любові до нас дає зрозуміти, що ми грішимо, через Свого Святого Духа. Він робить це не для того, щоб зіпсувати нам настрій або змусити почуватися нещасними й осудженими, а для того, щоб дати нам можливість покаятися, щоб Його життя могло ще повніше текти через нас і в нашому шлюбі:

…відкиньмо всяку гордість та гріх, що нас легко обплутує, з терпінням прямуймо до тієї боротьби, яка перед нами, дивлячись на Проводиря і Вершителя віри…

До Євреїв 12:1-2

Почніть із себе

Деякі люди мають надзвичайно високу думку про себе. Вони вважають себе бездоганними, їм важко визнати свої помилки чи гріх. Людина з таким мисленням завжди звинувачуватиме інших і рідко шукатиме вади в собі. Таке ставлення — одна з основних причин, чому деякі люди мають різні проблеми в стосунках, і навіть християни зрештою розходяться або розлучаються. За роки нашого служіння ми зустріли чимало людей, чиї взаємини й шлюби були повільно отруєні цим смертельно небезпечним ставленням. У Нагірній проповіді Ісус сказав:

Не судіть, щоб і вас не судили; бо яким судом судите, таким будуть судити і вас; і якою мірою міряєте, такою буде відміряно і вам. Чому ж бачиш скалку, що в оці твого брата, а колоди, яка в твоєму оці, не відчуваєш? Або як скажеш своєму братові: Дай витягну скалку з твого ока, коли ось колода в твоєму оці?

Лицеміре, спочатку вийми колоду зі свого ока, а тоді побачиш, як вийняти скалку з ока брата твого.

Матвія 7:1-5

Коли йдеться про боротьбу з гріхом у шлюбі, Ісус закликає кожного почати із себе. Замість того щоб зосереджуватися на вадах чоловіка чи дружини, ми маємо спочатку уважно подивитися на себе й зрозуміти, що з нами не гаразд. Ось вірш, який ми пропонуємо вам зробити регулярною молитвою:

Досліди мене, Боже, і пізнай моє серце. Випробуй мене і пізнай мої думки! — подивись, чи не йду я згубною дорогою, і скеруй мене не шлях вічності.

Псалом 139:23-24

Коли почнете змінюватися, це позитивно вплине на ваш шлюб. Наприклад, ви станете менш дратівливими або більш терпеливими. Такі зміни посилають позитивні сигнали. І коли ви помічаєте навіть незначні зміни у своєму партнері, добре визнати їх словесно. Наприклад, ви можете сказати: «Я помітив, що в цій ситуації ти реагуєш не так, як раніше. Знаю, що це потребувало певних зусиль, і ціную, що ти стараєшся».

Коли гріх стає звичкою

Гріх у шлюбі часто вражає обох партнерів, оскільки ми маємо справу з гріховними моделями поведінки. Іноді вони протягом багатьох років вкорінюються й стають твердинями. Так сталося і з нами. Ми вже згадували випадок, коли перед переїздом з Аргентини до Швейцарії перебували під сильним тиском. Замість того щоб нормально спілкуватися, ми робили одне одному боляче своїми словами й учинками. Роки по тому ми помітили, що часто поводимося так само в інших стресових ситуаціях. Це перетворилося на гріховну модель поведінки в нашому шлюбі, з якою треба було боротися. Нині ми навчилися обговорювати деталі того, що треба зробити, і довіряємо одне одному. Ми стежимо за своїм язиком і намагаємося зберігати спокій у стресових ситуаціях.

Гріховні моделі поведінки можуть набувати в шлюбі різних форм. Наприклад, хтось із подружжя може не довіряти партнеру в якійсь сфері життя. Він свідомо чи несвідомо висловлює свою недовіру словами, діями чи поглядами. Партнер відчуває цю недовіру й підозріливість і часто реагує на них негативно. Одна й та сама ситуація викликає однакову реакцію знову й знову, іноді протягом багатьох років. У таких випадках дуже важливо попросити Святого Духа показати приховані гріховні моделі поведінки в наших стосунках і допомогти позбутися їх.

Ось ще кілька прикладів поширених гріховних моделей поведінки в шлюбі, які ми спостерігали.

Погане спілкування або його нестача

Раніше ми вже згадували про подружжя, яке жило під одним дахом, але не розмовляло одне з одним протягом вісімнадцяти років. Вони відмовлялися спілкуватися, дотримуючись гріховної практики ігнорувати й зневажати одне одного. Ми також згадували, що деякі взаємини закінчуються раптово, без видимого передвістя чи попереднього конфлікту.

Щоб уникнути таких трагічних фіналів, важливо швидко виявити й зруйнувати гріховні моделі спілкування в нашому шлюбі. Треба навчитися правильно спілкуватися й виправляти помилки, щоб не озлобитися одне на одного. До гріховних моделей спілкування належать також обзивання, лайки, крики, погрози, злісні погляди, використання сексу як засобу впливу тощо.

Безпідставні звинувачення

Подружжя може безпідставно звинувачувати одне одного. Іншими словами, вони звинувачують іншу людину в тому, у чому та не винна. Наприклад, ми працювали з подружжям, де чоловік постійно звинувачував дружину в небажанні займатися сексом. Під час бесіди стало зрозуміло, що головна проблема була в ньому: він змушував її багато працювати й рідко знаходив час, щоб зробити для дружини що-небудь приємне чи романтичне. Жінка почувалася використаною і відштовхнула його.

Невизнання своєї провини

Деякі люди роблять усе можливе, щоби приховати свою провину, і грішать далі. Кілька років тому до нас на консультацію прийшла подружня пара. Дружина вважала, що її чоловік закрутив роман з іншою жінкою, і мала доволі переконливі докази. Замість визнати зраду, той усе заперечував. Протягом наступних кількох днів він створював чати й розміщував публікації в соціальних мережах, намагаючись довести свою невинуватість. Але пізніше визнав, що все вигадав.

Догматизм і самовпевненість

Ми стикалися з багатьма парами, у яких один із подружжя вважає, що завжди має рацію. Така догматична позиція дуже шкідлива й згубна для шлюбу. Коли така модель поведінки руйнується та замінюється смиренням і готовністю обговорювати й іти на компроміс, обоє в парі починають розквітати як особистості й досягати успіху у своїх дарах.

Критика й пошук вад

На початку знайомства більшість пар намагаються робити одне одному компліменти й не шукати недоліки. Та із часом у їхньому житті може з'явитися прискіпливе ставлення. Подружжя починає дедалі частіше критикувати одне одного, зокрема й у присутності інших. Далі кидають на партнера глузливі або зневажливі погляди, говорять речі, які змушують іншого почуватися нікчемою або почувати сором. Вони можуть узяти за правило скаржитися, критикувати й сварити партнера, іноді доходячи до контролю та навіть агресії. Це створює невпевненість і напруженість.

Можна навести ще багато прикладів гріховної поведінки в шлюбі. Але, можливо, ви вже виявили схожі чи інші приклади у своєму подружжі? Якщо так, то, найімовірніше, ви маєте справу з гріховними звичками, притаманними вам обом, за які обоє тепер відповідаєте. Визнання гріховних моделей поведінки в стосунках і готовність відповідати за них — перший крок до виправлення та змін, який принесе полегшення й надію.

Пауза для роздумів

- З якими гріхами ви можете миритися у своєму житті?
- Чи бачите ви якісь гріховні моделі поведінки у вашому шлюбі?
- Ухваліть рішення не дозволяти гріху руйнувати ваше життя й ваш шлюб!

Розділ 15

ПЕРЕМАГАЄМО ГРІХ У ШЛЮБІ

П'ять кроків, що приносять життя

Ми бачили, як гріхи одного або обох партнерів можуть призвести до гріховної поведінки в шлюбі. У цьому розділі розглянемо, як боротися з гріхом і перемагати його, якщо ми його виявили. Це допоможе зруйнувати гріховні звички у нашій поведінці й прокласти шлях до пізнання нових способів побудови взаємин. Як Бог прощає гріхи та знімає з нас провину щоразу, коли ми щиро просимо Його про це, так і ми можемо навчитися справлятися з гріхом і прощати одне одного в шлюбі, навіть якщо це не завжди легко. Наступні п'ять кроків дадуть потрібну для цього основу.

1. Визнайте свій гріх

Перший крок у боротьбі з гріхом — визнати, що всі ми грішимо й що гріх псує наші взаємини. Якщо ви не впевнені, що це стосується вас, просто запитайте свого чоловіка або дружину, що вони думають із цього приводу! Часто інші бачать наші гріхи й вади краще за нас, але такою вже є людська природа. Однак зрештою саме Святий Дух викриває нас у наших провинностях і приводить до правди про самих себе (див.: Івана 16:13). Це ліки для нашої душі, бо правда робить нас вільними (див.: Івана 8:32).

Чому ж багатьом із нас так важко визнати свої гріхи й помилки? Причин може бути чимало. Хтось бореться з гординею і страхом утратити обличчя. Інших цього ніколи не вчили, як, наприклад, жінку років тридцяти, яка прийшла до нас по допомогу розв'язати проблему її минулого. У дитинстві її залишили напризволяще, і вона боролася з труднощами, як тільки могла. Ставши християнкою, вона зрозуміла, що має виправити стосунки з деякими людьми. Та оскільки ніколи в житті ні в кого не просила вибачення, то й не знала, як це зробити.

Ще одна причина, через яку деяким людям важко визнати свій гріх, полягає в тому, що в них сформувався спосіб мислення, орієнтований на досягнення результату, та/або перфекціонізм. Багато компаній і роботодавців не мають часу для людей, які припускаються помилок. Їм потрібні бездоганні працівники — або принаймні так іноді здається! У Швейцарії, як і в інших країнах, є багато дуже добре навчених людей, які рідко припускаються помилок у роботі, і всі вдячні їм за це! Однак такий менталітет стає проблемою, коли хтось із подружжя нав'язує високі стандарти роботи своїм домашнім і собі, створюючи атмосферу напруженості в родині. Ніхто не хоче пасти задніх, припускатися помилок чи грішити, але факт залишається фактом: усі ми помиляємося й грішимо. Що раніше ми визнаємо свої помилки, то швидше зможемо з ними впоратися й рухатися далі.

2. Принесіть свій гріх Богу

В 1 Івана 1:9 знаходимо таку визвольну істину:

Якщо ж визнаємо свої гріхи, то Він вірний і праведний, щоб простити нам гріхи й очистити нас від усякої неправедності.

Так само і в Посланні до Євреїв 10:17 Святий Дух каже:

...і більше не згадаю їхніх гріхів та їхнього беззаконня!

Це чудова звістка для всіх нас. Нема потреби бути досконалими! Не треба більше намагатися приховувати чи заперечувати свій гріх. Ми можемо винести його на світло та прийти з ним до Бога. Це означає сповідувати свої гріхи. Коли ми це робимо, Бог обіцяє простити нас і видалити бруд і сморід цього гріха з нашого життя. Приховування фактів, спроби переконати себе й інших у своїй невинуватості, коли насправді ми винні, — це марнування часу й сил. Набагато краще одразу визнати свою провину й просто сказати: «Прости!».

3. Попросіть одне в одного вибачення

Сповідуючи свої гріхи перед Богом і отримуючи Його прощення, ми готові виправити наші стосунки. Ми не раз переконувалися в тому, яким дієвим може бути цей крок, скільки свободи може принести. Коли ми ображаємося чи грішимо одне проти одного, то знаходимо час, щоб разом прояснити ситуацію і, за потреби, пробачити одне одному. Ця проста стратегія дає нам змогу зберігати мир і єдність.

Багато людей почуваються ніяково, коли говорять про гріх чи провину. Ба більше, деякі пари рідко говорять про те, хто й у чому винен, і не знають, за що просити вибачення. Їхні стосунки можуть здаватися гармонійними, але обоє розуміють, що між ними щось не так. З певних причин вони вважають за краще замовчувати ситуацію.

Інші пари без проблем обговорюють, що пішло не так і хто в цьому винен. Проте вони ніколи не просять вибачення, бо в результаті починають сперечатися й ходять по колу. Ні до чого продуктивного ці розмови не ведуть, адже пара не має інструментів для розв'язання проблеми гріха в шлюбі. Якщо у вас саме така ситуація, то вам особливо стане в пригоді молитва про прощення для подружніх пар, яку наводимо в наступному розділі.

4. Будьте готові змінюватися

Потрібні бажання й рішучість обох партнерів не повертатися до колишніх гріхів і гріховних моделей поведінки. Ісус сказав у Євангелії від Матвія 18:22, що ми маємо прощати знову й знову. Але Він не мав на увазі, що ми можемо грішити ти скільки заманеться, бо наш партнер все одно зобов'язаний пробачити нам. Якщо ми не бажаємо змінюватися, то, найімовірніше, щиро не покаялися й не зненавиділи свій гріх. Без справжнього покаяння не може бути ні справжнього прощення, ні справжніх змін.

Як частина Божої сім'ї, чоловік і дружина також можуть вважатися братом і сестрою. Тому 1 Івана 2:9-11 застерігає нас не залишатися в темряві:

Хто каже, що він перебуває у світлі, а ненавидить свого брата, той ще досі в темряві. Хто любить свого брата, той перебуває у світлі й у ньому нема спокуси. А хто ненавидить свого брата, той — у темряві, він ходить у пітьмі й не знає, куди йде, бо темрява зробила його очі незрячими.

5. Прагніть істини

Багато шлюбів руйнуються через те, що люди відмовляються визнати правду про себе й свої вчинки. Коли вказують на це, вони починають захищатися чи намагаються перекласти провину на партнера. Інші мовчать і поступово відсторонюються від партнера на емоційному рівні. Якщо зрештою пара розлучається, то офіційна версія така: вони просто віддалилися одне від одного, і ніхто в цьому не винен.

У наш час навіть у деяких християнських колах не популярно говорити про гріх чи про потребу встановити провину як передумову для прощення. Ми не хочемо бентежити людей, створювати їм дискомфорт. Але іноді, щоб покаятися, треба відчути дискомфорт. Зокрема, варто відчути важкість власних гріхів і всього того, що ми робимо, говоримо, думаємо чи відчуваємо, того, що завдає болю Богу, нашому партнеру й нам самим.

У цьому процесі боротьби з гріхом ми маємо прагнути встановити істину між нами. Маємо навчитися докопуватися до суті речей і з'ясовувати, що ж сталося насправді. Хто винен і в чому. Як ще ми можемо попросити вибачення в Бога або одне в одного, щоб це мало сенс? Та щойно отримавши ясність, ми зможемо пробачити одне одному, примиритися й рухатися далі.

Пауза для роздумів

- Ви визнаєте гріхи й помилки чи замовчуєте?
- Ви вмієте справлятися з конфліктами чи уникаєте?
- Чи можете ви говорити про гріхи й прощення в парі?

Розділ 16

МОЛИТОВНИЙ ІНСТРУМЕНТ ДЛЯ ВІДНОВЛЕННЯ

Молитви про прощення

Тепер переходимо до нашого першого молитовного інструменту. Він складається з трьох кроків. З його допомогою можна впоратися з будь-яким гріхом, що став між вами і Богом або між вами й вашим чоловіком / дружиною. Ці кроки прості, але дієві й допоможуть самостійно впоратися з багатьма проблемами у шлюбі. Ми закликаємо вас постійно застосовувати цей інструмент!

Крок 1. Сповідайте свій гріх

Ви можете сказати:

«Любий Господи Ісусе Христе, я шкодую про те, що... (вкажіть конкретно, які ваші вчинки, слова чи

почуття були неправильними). *Будь ласка, прости мені!»*

За потреби попросіть вибачення в партнера. Наприклад:

«Я шкодую, що скривдив тебе й завдав болю своїми думками, словами чи діями (вкажіть конкретно). *Я більше не хочу так чинити. Будь ласка, прости мені!»*

У відповідь партнер може сказати:

«Я прощаю тебе за те, що ти мені сказав чи зробив!»

Крок 2. Прийміть прощення

Ви можете сказати:

«Господи Ісусе Христе, я приймаю Твоє прощення. Дякую, що простив мені!»

Якщо ви відчуваєте потребу простити собі, скажіть:

«Я прощаю собі!»

Коли Ісус Христос прощає ваші гріхи, важливо, щоб ви прийняли Його прощення. Коли ваш партнер прощає вам, то ви маєте прийняти його або її прощення. Це другий крок, на якому ми приймаємо прощення, про яке просили. Багато людей усе одно почуваються винними, навіть якщо вони визнали свою провину й попросили вибачення. Усе змінюється, коли вони свідомо вирішують прийняти цей чудовий дар.

Деякі люди відчайдушно хочуть прийняти Боже прощення, але просто не можуть. Можливо, вони знають, що дуже завинили. Вони зневажають і ненавидять себе за скоєне. Часто потрібна особлива молитва про звільнення, у якій ми наказуємо духу непрощення залишити нас. Коли цей дух покидає нас, набагато легше прийняти Божу милість і простити собі. Молитви про звільнення розглянемо в останньому розділі.

Якось в Аргентині Деніела попросили відвідати лікаря, який помирав, і помолитися з ним. Той серйозно захворів невдовзі після того, як пішов від дружини до іншої жінки. Його нова кохана не захотіла опікуватися хворим чоловіком і поквапилася кинути його. На превеликий подив лікаря, дружина прийняла його назад і почала доглядати. Прощення дружини та її жертовна любов до нього зробили життя лікаря надзвичайно важким. Він гірко плакав, розповідаючи Деніелу свою історію, але не міг прийняти ні Божого прощення, ні прощення дружини. Він визнавав свої гріхи, проте не міг простити собі за те, як учинив із дружиною. Він учепився за думку, що заслуговує на страждання, і помер у страшних муках.

Почуття провини здатне мучити й руйнувати нас. Ось чому так важливо впоратися з ним, не тільки визнавши свій гріх, а й прийнявши прощення.

Примітка. Якщо вам усе ще важко прийняти прощення, можливо, потрібне зцілення від душевних ран. Розглянемо це в наступному розділі.

Крок 3. Виправте ситуацію

Ви можете сказати:

«Господи Ісусе, будь ласка, покажи мені, що я маю виправити».

Ви можете попросити Ісуса показати вам, що маєте виправити в стосунках з іншими людьми або де загладити свою провину. Зачекайте й послухайте, що скаже Святий Дух. Можливо, ви також захочете обговорити це зі своїм партнером. Може, він або вона дасть слушну пораду, яка допоможе вам повернути все на правильний шлях.

Ми хочемо закликати вас бути рішучими в боротьбі з гріхом у вашому житті та шлюбі. Принесіть свою провину Богові, попросіть і отримайте Його прощення. Господь милостивий. Він пробачить вам і допоможе змінитися! Коли гріхи й провинності втрачатимуть свою силу й владу над вами, ви переживатимете відновлення свого шлюбу. Це красиво й сильно!

Примітка. Можливо, ви захочете обговорити деякі питання або ситуації з третьою особою. Або ж у вас є особиста проблема, яка впливає на ваш шлюб, і ви обоє почуваєтеся виснаженими, намагаючись упоратися з нею самотужки. Сповідь та/або консультація у священника, пастора чи консультанта, яким ви довіряєте, може принести відчутну користь і посприяти відновленню та зціленню. Але у вас має бути бажання й рішучість змінюватися. Це найважливіша умова для того, щоб сповідь або консультація принесли плоди.

> *Тому визнавайте один перед одним гріхи, моліться один за одного, щоби зцілитися, бо має велику силу ревна молитва праведного.*
>
> Якова 5:16

Пауза для роздумів

- Чи можете ви прийняти прощення?
- Чи можете ви простити свого партнера?
- Чи є щось, що вам треба виправити? Для цього моліться про прощення?

Розділ 17

ВЛУЧАННЯ В ЦІЛЬ

Учимося протистояти й зберігати зв'язок

Деякі люди каються й намагаються виправитися. Але незабаром їх знову тягне до старих гріхів! То як же навчитися ефективно протистояти гріху й не повертатися до старих гріховних звичок?

Ми вважаємо, що ключем до протистояння гріху, який так легко підкрадається до нас, є християнське спілкування в парі. Про що йдеться? З одного боку, ми спілкуємося з Богом як окремі особистості, коли наближаємося до Нього під час молитви, читання Біблії та поклоніння. Але ми також маємо проводити час із Богом як пара. Можливо, ви чули популярну приказку: «Подружжя, яке молиться разом, залишається разом!». Протягом багатьох років ми виробляли в собі звичку проводити час із Богом щодня як поодинці, так і разом. У Псалмі 119:11 говориться:

Я бережу Твоє слово у своєму серці, щоби мені не грішити проти Тебе.

Ми щодня читаємо Слово Боже, щоб зберегти його у своєму серці й дозволити йому змінити нас і вберегти від руйнівних пасток гріха. Біблія містить багато мудрості й практичних настанов щодо того, як подружжю варто жити і як ставитися до інших людей. Читаючи Біблію, ми також можемо просити Святого Духа виправити нас, показати нам приховані гріхи, про які ми, можливо, не знаємо, і допомогти нам подолати їх.

Не треба намагатися впоратися з гріхом самотужки. У Біблії сказано, що в нас живе Святий Дух. Саме Він зміцнює нас і дає перемогу над гріхом, зокрема й над гріхом у шлюбі. У Посланні до Галатів 5:16 написано:

Кажу: живіть духом, і не чинитимете пожадань тіла.

Інакше кажучи, саме наше спілкування зі Святим Духом у поєднанні зі знанням і застосуванням Божого Слова дає нам змогу ефективно протистояти гріху як індивідуально, так і в подружжі. Коли ми живемо згідно з Євангелією Ісуса Христа, наше життя і наш шлюб наповнюються миром і спокоєм.

Блаженні, кому прощені беззаконня і кому покриті гріхи.

До Римлян 4:7

Спілкування з іншими людьми, які прагнуть Бога у своєму шлюбі, також велика допомога. Спілкування з групою віруючих або помісною церквою може зміцнити вас духовно й допомогти ефективніше боротися з гріхом.

Біблійний цар Давид був людиною, яка в одних сферах досягала дивовижних успіхів, а в інших зазнавала катастрофічних невдач. Коли він самовдоволено розслабився й знехтував стосунками з Богом, то врешті-решт учинив гріх перелюбу з жінкою, яка жила в сусідстві. Дізнавшись, що Вірсавія завагітніла, Давид спробував приховати свою провину, убивши її чоловіка Урію (див.: 2 Самуїла 11). Усвідомлення свого гріха й наслідків скоєного глибоко вразили Давида. Він отямився й нарешті звернувся до Бога з благанням про прощення. Його молитву покаяння можна прочитати в Псалмі 51.

Ми також взяли за правило регулярно молитися молитвою Давида індивідуально і як подружжя. Хочемо дати Богові можливість показати нам, у чому ми маємо змінитися, щоб не накоїти лиха.

Перш ніж читатимете далі, пропонуємо вам зробити ці вірші своєю молитвою:

Відверни Своє обличчя від моїх гріхів і зітри всі мої беззаконня. Серце чисте сотвори в мені, Боже, і духа правоти віднови у мені. Не відкидай мене від Свого обличчя і не відбирай від мене Свого Святого Духа. Поверни мені радість Свого спасіння і зміцни в мені Духа слухняності.

Псалом 51:11-14

Пауза для роздумів

- Як ви поглиблюєте спілкування з Господом на особистому рівні?
- Як ви поглиблюєте спілкування з Богом у парі?

ЗЦІЛЕННЯ

Учимося зцілюватися від душевних ран

Розділ 18

СИЛА ЗЦІЛЕННЯ В ШЛЮБІ

Покликані зцілювати одне одного

З роками ми дедалі більше переконуємося в тому, що Бог хоче дати нам, чоловікам і дружинам, можливість виявити й зцілити від душевних ран, які завдають шкоди нашому шлюбу. Коли ми це робимо, шлюб перетворюється на чудове місце зцілення й дружби!

Коли ми тільки одружилися, кожен з нас мав певний досвід застосування молитов про зцілення. Але ми навіть не уявляли, наскільки важливими виявляться ці молитви для щасливих стосунків і успішного спільного шляху. Знати, як ефективно зцілюватися від своїх ран, — один з найвагоміших чинників, що дали змогу зростати разом у любові та єдності. Ми раді поділитися з вами нашими знаннями й інструментами. Віримо, що ваш шлюб також оновиться й зміцниться, коли ви почнете розуміти це та молитися про зцілення одне одного.

Божа допомога в зціленні

Можливо, ви маєте особисті або спільні рани, отримані в минулому чи в сьогоденні, які негативно впливають на ваші подружні стосунки. Ці рани можуть бути поверховими або глибокими. Їх може бути багато чи лише кілька. Ви можете точно знати, хто, коли і як скривдив вас. Або все не зовсім ясно, та ви відчуваєте, що емоційно не такі здорові, як хотілося б, і що всередині вас є «вразливі точки».

Хоч би якою була ситуація, Бог бачить наш біль і нашу потребу в зціленні. Жодна внутрішня рана не схована від Його очей, і жодна рана не надто потворна, щоб Він не зцілив від неї. У Псалмі 103:2-3 читаємо, що саме Господь зцілює від усіх наших немочей:

Благослови, душе моя, Господа, і не забувай усіх Його благодійств. Він прощає всі провини твої, зціляє всі твої хвороби.

Як ми бачили в попередньому розділі, Бог дає нам можливість і спосіб упоратися з нашими гріхами й переступами. Проте Він також відкрив нам шлях до емоційної та фізичної цілісності! У пророка Ісаї читаємо, що Господь особисто поніс наш біль на хресті, і Його рани принесли нам зцілення:

...Він поніс на Собі наші недуги, узяв на Себе наші страждання...
Його ранами ми оздоровлені!

Ісая 53:4-5

У цій частині ми разом розглянемо, як застосовувати те, що Ісус зробив для нас. Дізнаємося, як молитися за себе й одне за одного, щоб зцілення, заради якого Ісус помер на хресті, відбулося в нашому житті та в нашому шлюбі. Ми зосередимося на трьох молитвах про зцілення, які лежать в основі нашого підходу. З їхньою допомогою можна зцілитися від емоційних ран і болісних спогадів, а також упоратися з негативними реакціями на ці рани.

Зцілення потрібне всім

Багато людей вважають, що емоційне зцілення потрібне тільки тим, у кого глибокі чи складні рани. Так, наприклад, якщо людина мала цілком щасливе життя й ніколи не переживала нічого схожого на травму або насильство, вона не одразу подумає про те, що їй може знадобитися емоційне зцілення. Так само не подумає про потребу в зціленні та людина, яка може усвідомлювати наявність внутрішнього болю у своєму житті, але схильна або змиритися з ним, або не надавати йому значення. Зрештою, є люди, які страждають набагато сильніше, і вони не хочуть скаржитися чи привертати до себе увагу. Правда в тому, що багато ситуацій можуть завдати нам болю й зранити на різних рівнях. Навіть, здавалося б, дріб'язкова, поверхнева рана, якщо її не лікувати, може загноїтися й негативно вплинути на наше життя та життя навколишніх людей. Саме тому важливо серйозно ставитися до будь-яких образ і вчитися справлятися з ними якнайшвидше. На підтвердження наведемо показовий приклад.

Уявіть собі хлопчика, з якого часто сміються в школі. Злі слова й глузування, якими щодня закидають його однокласники, глибоко ранять душу. Якщо ніхто не помітить його страждань, не втішить і не допоможе припинити знущання, він залишиться сам на сам із цією ситуацією. Є ймовірність, що він почне відкидати себе. Він може почати вірити в брехню про свою цінність як особистості, наприклад: «Напевно, зі мною щось не так, якщо люди так до мене ставляться. Ніхто не хоче зі мною дружити, отже, я нікчемний і нудний. Я — посміховисько, тому мені краще бути обережним і не привертати до себе уваги».

А тепер уявіть, що цей хлопчик виріс і щасливий, що шкільні роки залишилися в минулому. Він закохується й одружується з жінкою своєї мрії. Але внутрішні рани так і залишилися незагоєними. Брехня, у яку він тоді повірив, засіла десь у глибині його свідомості. Поступово отрута минулого починає просочуватися назовні й впливати на сьогодення, особливо на стосунки з дружиною. Наприклад, його глибоке почуття невпевненості в собі проявляється в нездатності сприймати поради чи критику дружини й не засмучуватися. Або в непереборній потребі намагатися догодити всім, навіть якщо це не вдається і в результаті в душі з'являється образа.

Зрозуміло, що це простий приклад, щоби показати, як емоційні рани минулого можуть негативно впливати на наш шлюб сьогодні, і тому від них треба зцілитися, щоб ми могли рости й рухатися далі. Якщо бути чесними, у певний момент життя нам усім завдавали болю різні люди й ситуації. Та Бог хоче зцілити нас і зробити щось нове. Читаючи далі, відкриймося Святому Духу й дозвольмо Йому показати, що в нашому житті ще потребує зцілення.

Емоційні рани

Внутрішні рани можуть бути як маленькими й поверхневими, так і складними та глибокими. Деяких образ ми можемо легко позбутися, тоді як глибші рани потребують емоційного зцілення. Багато що в житті може завдати болю, і всі ми реагуємо на це по-різному. Нас можуть ранити ситуації та люди в сьогоденні, нещодавньому чи далекому минулому або навіть у момент нашого зачаття.

Ми молилися з багатьма людьми, які пережили відторгнення в ранньому віці. Інших відкинули батьки під час народження або ще в утробі матері, тому що вони не були довгоочікуваним хлопчиком чи дівчинкою. Бути відкинутим через «не таку» стать — одна з найболісніших ран, з якими ми маємо справу в нашому служінні. Однак ми також молилися з людьми, які народилися з ранами від того, що їх намагалися позбутися ще в утробі матері за допомогою аборту.

Крім того, ми можемо мати багато болісних переживань у дитячому чи підлітковому віці, наприклад втрата одного з батьків унаслідок розлучення чи смерті. Це може дати сильне відчуття незахищеності. Знову ж таки, багато дітей переживають відторгнення в сім'ї. Хтось із батьків або опікунів змушує їх почуватися менш розумними, менш гарними, менш спортивними, просто не такими хорошими, як їхні брати й сестри.

Інших у дитинстві обділяли увагою, розбещували, з ними жорстоко поводилися, знущалися, висміювали або ніколи не сприймали серйозно. Можливо, хтось із батьків страждав на психічне захворювання чи залежність. Ці діти зростали, відчуваючи страх і сором. Їм важко повірити в те, що вони можуть зробити щось правильно, і вони приносять це внутрішнє переконання в шлюб. Нарешті, багато людей переживають біль попередніх стосунків або шлюбів і бояться, що їхні нинішні взаємини теж не будуть тривалими.

Чому час не лікує все

Подібно до того, як фізичну рану чи поріз треба продезінфікувати й дати загоїтися, щоб запобігти бактеріальній інфекції, так і душевні рани варто очищати, щоб запобігти духовному зараженню. Духовна інфекція виникає, коли до емоційного болю додаються негативні реакції на образу, такі як непрощення, гіркота або ненависть, і рана починає гноїтися. Як інфекція в незагоєних фізичних ранах здатна поширитися по всьому організмі й завдати величезної шкоди чи навіть призвести до смерті, так і духовна інфекція спроможна зіпсувати чи навіть зруйнувати шлюб. Ось чому так важливо навчитися зцілюватися від старих і нових ран. І мати інструменти зцілення напоготові, щоб надалі швидко справлятися з образами й болем.

Пауза для роздумів

- Чи принесли ви у свій шлюб якийсь біль чи образу з минулого?
- Чи відчуваєте ви сьогодні біль, пов'язаний із чимось у вашому шлюбі, від якого треба зділитися?
- Що ви зазвичай робите, коли чоловік / дружина чи хтось інший завдає вам болю?

Розділ 19

РУЙНУВАННЯ МОДЕЛЕЙ ПОВЕДІНКИ, ЩО ЗАВДАЮТЬ БОЛЮ

Зміни можливі

За два тижні до весілля ми пройшли у Швейцарії курс підготовки до шлюбу. Більшість інших пар там мали ще пів року чи навіть рік до свого знаменного дня, тож ми, мабуть, здавалися трохи неорганізованими! Але правда полягала в тому, що ми аж до самого весілля жили у різних країнах. У ті часи не було ні онлайн-курсів, ні відеоконференцій, тому ми вирішили, що пройти курс в останній момент краще, ніж не пройти його взагалі.

Ми жодного разу не пошкодували про своє рішення відвідати цей курс, тому що він відкрив нам очі на небезпеку того, що негативні моделі поведінки можуть укоренитися в шлюбі й посіяти хаос. Керівники курсу закликали нас ухвалити рішення: якщо ми скривдимо одне одного, то завжди за першої ж нагоди говоритимемо одне з одним і разом молитимемося за те, що трапилося. Ми ухвалили це рішення, і воно правильне й донині.

Правда робить нас вільними

Якщо ми не будемо обережними, то, як ми вже бачили на прикладі гріха, образа й наша реакція на неї можуть призвести до негативних моделей поведінки в шлюбі. Це веде до напруженості в наших стосунках, але Ісус сказав:

...і пізнаєте істину, а істина вас вільними зробить

Івана 8:32

Усвідомлення правди про наші почуття й поведінку відкриває шлях до свободи й зцілення. Це гарна новина!

Звісно, наше життя почалося не тоді, коли ми одружилися. Ми мали життя до шлюбу! У цьому житті нас могли кривдити, і ми кривдили інших. Ці образи й болі ми можемо принести в шлюб. Як наслідок, певні слова чи дії партнера можуть викликати в нас якісь реакції. Ми свідомо чи несвідомо згадуємо про іншу болісну ситуацію в минулому. Це може істотно ускладнити раціональне сприйняття теперішньої ситуації. Ми засмучуємося, гніваємося, можливо, навіть утрачаємо контроль над собою і накидаємося на партнера, навіть якщо він чи вона не має жодних поганих намірів щодо нас. Подібні реакції можуть підкидати хмиз у вогонь, посилюючи напруження й завдаючи нових ран, так що ми опиняємося в замкнутому колі. Якщо не протидіятимемо, то моделі поведінки, що завдають болю, укореняться.

Ми були свідками багатьох таких ситуацій у парах, які консультували протягом багатьох років. Наведені далі приклади покликані допомогти вам краще зрозуміти, який негативний вплив на подружні стосунки можуть мати моделі поведінки. Хоча деякі деталі біографії в різних людей можуть відрізнятися, поведінкові моделі в результаті часто схожі.

Поширені приклади негативних моделей поведінки

- Чоловік росте розпещеним і перебуває під панівним впливом матері. У шлюб він вступає з пасивною позицією, його легко залякати. Унаслідок його пасивності дружина бере на себе роль лідера й через це стає дедалі більше невдоволена й роздратована. Це призводить до взаємних образ і розчарування.

- Жінка росте в сім'ї, де батько-алкоголік зраджує її матір. Брехня, агресія та невірність, свідком яких вона стає, спричиняють глибоке розчарування й невпевненість у собі. Маючи перед собою приклад батька, вона вступає в шлюб з недовірою і негативним ставленням до чоловіків. Вона несвідомо проєктує деструктивну поведінку батька на свого чоловіка. Очікує від нього поганого ставлення й вчинків, що призводить до взаємних звинувачень, образ і розчарування.

Як бачимо, одружуючись, люди можуть принести із собою повну валізу болю, гніву, відкинення, самозневаги, ненависті й багатьох інших негативних емоцій, пов'язаних з їхнім колишнім життям і стосунками. Переживання минулого негативно впливають на їхні подружні стосунки в сьогоденні.

Відмова від негативних моделей поведінки

Деструктивні моделі поведінки, що виникають унаслідок образ і реакцій на образи, є ознакою того, що в якійсь сфері нашого шлюбу ми не зовсім цілісні. Що раніше ми це усвідомимо, то швидше почнемо боротися із цими моделями й рухатися до змін. Почати можна з аналізу власних реакцій. Чи не вказують вони на те, що ми або наш партнер носимо в собі якусь внутрішню рану? Мета полягає в тому, щоб виявити всі негативні моделі поведінки, які впливають на наш шлюб, і потім зруйнувати їх у молитві.

Тому визнавайте один перед одним гріхи, моліться один за одного, щоби зцілитися, бо має велику силу ревна молитва праведного.

Якова 5:16

Дуже легко різко відреагувати на слова або вчинки партнера, навіть якщо ми знаємо, що він діє через образу. На жаль, це призводить до конфлікту, і ми зрештою завдаємо одне одному ще більшого болю. Коли все загострюється, ми можемо навіть не знати, що спричинило конфлікт!

Такі моделі чи ланцюгові реакції, на жаль, трапляються досить часто. Численне їх повторення може призвести до того, що люди опускають руки й навіть відмовляються від шлюбу. Замість стати місцем зцілення, яким його задумав Бог, шлюб сприймається як в'язниця, де вас б'ють і заганяють у кут. Якщо ми не маємо інструментів, які допомагають упоратися з образами й конфліктами, важко підтримувати глибші стосунки. Часто здається, що найкраще, що можна зробити, — це відійти від цього чи ж утекти. Та згодом виявляється, що ми так само самотні й ізольовані. Не хочемо брати на себе зобов'язання перед іншою людиною і вкладатися в стосунки, які все одно будуть нетривалими.

Саме тут Бог хоче зустріти й зцілити нас сьогодні! Він хоче дати нам нову надію та впевненість у тому, що ми можемо зробити наш шлюб успішним. Що ціліснішими ми станемо, то більше кожен з нас зможе внести позитивного в наші стосунки — і то більше часу ми захочемо проводити разом.

Відчуття, що ви зобов'язані проводити час разом без бажання, знаючи, що в результаті лише ображатимете й критикуватимете одне одного чи станете вигадувати відмовки, щоб не бути разом, піде в минуле!

Ніколи не пізно. Історія Джеймса й Лінди

Це історія пари, якій ми служили певний час у минулому. Вони дозволили поділитися їхнім досвідом як прикладом того, як емоційні рани й моделі поведінки, які вони створюють, можуть загрожувати успіху шлюбу, але що ніколи не пізно молитися про зцілення, навіть якщо ранам десятки років.

«З нас досить! Якщо Бог не зцілить нас, ми не матимемо іншого виходу, окрім розлучення...» Після майже сорока років шлюбу Лінда й Джеймс (імена змінено) були виснажені, розчаровані та доведені до відчаю. Вони робили безліч спроб працювати над собою і своїми стосунками, але в головних сферах мало що змінилося. Джеймс був пасивний, задовольнявся тим, що всі питання вирішувала дружина, і йому важко було виражати свої почуття. Лінда була запальною і з самого початку за все відповідала. Проблема була ось у чому: що старшою вона ставала, то менше в неї залишалося сил і енергії робити те, що й раніше, і вона більше ображалася на чоловіка, що той не справляється зі своїми обов'язками. Якщо чесно, ні Лінда, ні Джеймс не хотіли розлучатися. Вони прагнули єдності й сподівалися, що Бог допоможе знайти мир і спосіб налагодити стосунки.

Ми пояснили подружжю, що коріння негативних моделей поведінки в шлюбі часто криється в емоційних ранах і духовній несвободі. Бог достеменно знає, у чому це коріння, і ми можемо попросити Його показати це. Ми запропонували їм попрацювати з нами, застосовуючи цей підхід, і вони охоче погодилися. Щоразу, коли подружжя приходило на консультацію, на поверхню спливали глибокі, приховані рани з їхнього дитинства або шлюбу.

Один із найважливіших коренів, які показав Господь, був пов'язаний з інцидентом, що стався в перші тижні їхнього подружнього життя. Неподалік їхнього будинку Лінда стала жертвою спроби зґвалтування. Вона розповіла Джеймсу про те, що трапилося, сподіваючись знайти в нього розраду і захист. Але через подію, пережиту ним у дитинстві, про яку він розповів під час нашої розмови і спільної молитви, Джеймс був повністю приголомшений і паралізований тією ситуацією. Як наслідок, він не зміг проявити співчуття або зробити подальші кроки, щоб захистити дружину. Реакція чоловіка шокувала й глибоко ранила Лінду. Вона відповіла гнівом, гіркотою і підозрілістю. Адже це був не перший випадок у її житті, коли насильник нападав на неї, а ті, кому вона довіряла, закривали на це очі. Її чоловік, схоже, нічим не відрізнявся від інших...

На той час ні Лінда, ні Джеймс не мали інструментів, які б допомогли впоратися з такою ситуацією, тож вони постаралися забути про цей жахливий випадок і жити далі. Але Лінда так і не змогла знову повністю відкрити своє серце чоловікові. Між ними утворилася глибока прірва.

За допомогою комбінації молитовних інструментів, представлених у нашій книжці, ця глибока рана та інші, пов'язані з нею, були остаточно зцілені. У результаті взаємини подружжя кардинально змінилися. Джеймс зазначає, що він став активнішим, рішучішим і радо бере ініціативу на себе. Лінда вчиться довіряти своєму чоловікові та відпускати ініціативу. У їхніх стосунках панують любов і повага. Вони навіть почали самостійно застосовувати молитовні інструменти й молитися одне за одного, коли це необхідно. Нарешті вони знайшли мир і єдність, яких так прагнули: «Ми та сама пара, але наші взаємини стали абсолютно новими завдяки силі Христа, що діє через молитви зцілення!».

Пауза для роздумів

- Чи існує у вашому шлюбі негативна модель поведінки, що завдає болю? Попросіть Святого Духа показати вам, що є її причиною.
- Разом: попросіть вибачення за той біль, якого ви завдали одне одному своїми словами або вчинками. Попросіть Бога простити вам і зцілити від вашої рани.

Розділ 20

ЗЦІЛЕННЯ ВІД СТАРИХ І НОВИХ РАН

Молитви про зцілення від душевних ран

Ми розглянули, як можна отримати емоційні рани й чому потребуємо зцілення від них, якщо хочемо насолоджуватися глибшою єдністю, коханням і дружбою в шлюбі. Можливо, ви вже змогли визначити деякі рани у своєму житті або стосунках? Тепер питання полягає в тому, як ви можете впоратися з болем цих ран, щоб вони більше не турбували вас і ви могли зростати в любові та дружбі разом? Ми віримо, що як подружжя можемо служити зціленню і свободі одне одного. Навчитися застосовувати молитви про зцілення від болю, запропоновані в цьому розділі, — важливий ключ, який допоможе вам робити це ефективно.

Зцілення шлюбу — в процесі

Коли Святий Дух показує нам рани в нашому житті або в житті нашого партнера, і ми знаємо, як молитися про зцілення, тоді Бог може використовувати нас для зцілення навіть від найглибших ран. Прочитайте ще раз Якова 5:16:

Тому визнавайте один перед одним гріхи, моліться один за одного, щоби зцілитися, бо має велику силу ревна молитва праведного.

Який неймовірний вірш! У попередньому розділі ми вже бачили, як можемо просити й отримувати прощення за наші гріхи. Це відповідає першій частині вірша: *«признавайтесь один перед одним у своїх прогріхах»*. Виконавши це, ми готові до другої його частини: *«і моліться один за одного, щоб вам уздоровитись»*. Наше завдання зрозуміле: *молитися одне за одного, щоб зцілитися.*

Нема потреби дотримуватися якихось певних слів чи ритуалів, коли ми молимося про зцілення. Однак багатьом людям зручно працювати зі зразком молитви. Це допомагає їм зрозуміти й засвоїти принципи зцілення та застосувати їх у своїй ситуації. Саме тому ми навели в цій книжці приклад молитви про зцілення та інших молитов. Ми хочемо дати вам адаптивні інструменти, якими ви зможете користуватися знову й знову. Ми сподіваємося і молимося про те, щоб, почавши застосовувати ці інструменти, ви відчули на собі зцілювальну силу Бога, що перетворює ваш шлюб на місце великого зцілення, як це відбулося з нами!

Застосування молитви про зцілення від душевних ран

Що ми можемо зробити, коли відчуваємо біль або роздратування, наприклад? Найкраще почати з пошуку коріння. Це може бути пов'язано болем, якого нам завдали у минулому або нинішнім.

Запитайте себе:

- Чому мені боляче? Це пов'язано з тим, що мій партнер сказав чи зробив мені щось недобре?
- Чи це щось глибше, пов'язане з чимось іншим, емоційний спогад про що був викликаний тим, що сказав або зробив мій партнер?

Якщо річ просто в тім, що ваш партнер скривдив вас, сказавши або зробивши щось не так, спробуйте поговорити про це. Якщо партнер усвідомлює і визнає, що він вчинив неправильно, то в нього є можливість попросити вибачення, отримати прощення і примиритися. Наприклад, партнер, який просить прощення в цій ситуації, може сказати: «Вибач, я був нетерплячий і зірвався на тебе через втому». На що ви можете відповісти: «Я тобі прощаю!».

Ось що сказано в Посланні до Ефесян 4:26-27:

Гніваючись, — не грішіть; сонце хай не заходить у вашому гніві, і не давайте місця дияволові.

Псалом 4:5 підкріплює цю вказівку:

Гніваючись, не грішіть. Пороздумуйте у ваших серцях на ваших постелях і заспокойтесь.

Багато конфліктів можна розв'язати за допомогою такого простого, біблійного підходу. Однак ситуація ускладнюється, коли хтось із подружжя щиро шкодує про сказане або зроблене, а інший просто не може йому пробачити. Це може бути ознакою того, що тут криється щось глибше, на що нам потрібно поглянути уважніше. Часто гірке коріння пов'язане з давньою раною. Якщо це так, ми можемо піти ще далі й попросити Святого Духа показати нам, звідки саме походить гіркота й непрощення.

Молитва Святому Духу

Ви можете помолитися так:

«Духу Святий, будь ласка, покажи мені (або покажи нам), чому я відчуваю такий біль і образу й не можу пробачити».

Потім зачекайте й прислухайтеся до того, що показує або говорить Святий Дух. Можливо, раптом спливе якийсь спогад або з'явиться конкретна думка. Часто Святий Дух показує нам, що біль, образа тощо, які заважають нам простити партнеру, не мають нічого спільного з ним або навіть із нашим шлюбом, а пов'язані з болючою ситуацією в минулому. У цьому разі скористайтеся наведеними нижче молитвами про зцілення і попросіть Господа зцілити вас від вашої рани. Ми переконалися, що багато душевних ран можуть бути по-справжньому загоєні, якщо виконати ці три простих молитовних кроки. Ви можете застосовувати їх разом або поокремо.

МОЛИТВИ ПРО ЗЦІЛЕННЯ ВІД ДУШЕВНИХ РАН

Крок 1. Розкажіть Ісусу, що завдало вам болю

Ви можете сказати:

«Любий Ісусе, мені боляче, бо...»

Дуже важливо, щоб ми висловлювали свої справжні почуття стосовно того, що нас образило. Коли ми приходимо до Ісуса, ми можемо бути гранично чесними. У Його присутності не треба намагатися применшити свій біль або старатися бути сильним. Насправді, якщо ми дозволяємо своєму болю вийти назовні, Бог отримує спромогу зцілити його! Це наступний крок.

Крок 2. Попросіть Ісуса зцілити вас від болю

Нашому Господу Ісусу під час Його земного життя було сказано й зроблено багато болючого та образливого. Він знає, що таке бути відкинутим, неправдиво звинуваченим, обмовленим, осміяним, покинутим і навіть закатованим і вбитим.

Ви можете сказати:

«Дорогий Господи Ісусе, Тобі завдавали болю інші люди. Ти взяв на Себе мій біль на хресті. Це дає Тобі владу й силу зцілити мене від болю. Я віддаю його Тобі зараз. Будь ласка, зціли мене!»

Промовляючи цю молитву (або молячись своїми словами), ви можете раптово відчути справжній фізичний біль у серці або тілі. Це емоційний біль. Покладіть руку на те місце, в якому відчувається біль, і скажіть:

«Дякую, Ісусе, що зцілюєш мене від болю!»

Примітка. Будьте обережні, не переходьте від цього кроку до наступного занадто швидко. Дайте Господу достатньо часу, щоби повністю зцілити вас!

Нам дуже подобається ця частина молитви про зцілення від болю. Ми на власному досвіді та на прикладі інших людей переконалися, що Ісус справді приносить тут реальну розраду та повне й остаточне зцілення. Часто Він постає перед скривдженою людиною в образі, який та бачить у своїй свідомості або душі. Або ж людина може раптово відчути Його безсумнівну присутність і спокій. Хай як зцілює Ісус, це завжди прекрасно — бути свідком того, як Господь зцілює нашого партнера! Багато пар, приходячи до нас на консультацію, вперше переживають таке, і це дає їм сміливість і надію й далі молитися одне за одного в такий спосіб і вдома.

Після того як від рани зцілено й партнер, за якого моляться, має мир, ви готові до наступного кроку — прощення того, хто зробив вам боляче.

Крок 3: Простіть людині, яка завдала вам болю

Ви можете сказати:

«Я прощаю... те, що він/вона сказав чи зробив мені».

Прощення не завжди дається легко. Багатьом людям важко прощати. Але прощення звільняє нас від небезпечного й згубного бажання помститися і відновлює наш мир. Непрощення ж, навпаки, псує наші стосунки з Богом. Насправді, коли ми не прощаємо, ми прирікаємо себе на муки — нас роздиратимуть негативні почуття і думки, а також цілком реальні демонічні сили. У притчі про немилосердного раба Ісус описує цей стан як в'язницю. Він показує, що прощення — це єдиний вихід (див.: Матвія 18:21-35).

Якщо рану зцілено, але ви не можете пробачити, можливо, вам потрібно помолитися про звільнення. У цьому разі накажіть духу непрощення залишити вас і не відступайте доти, доки він не піде й ви не зможете пробачити. Докладніше ми розглянемо цю молитву в наступному розділі, присвяченому звільненню.

Після виконання цих трьох кроків, якщо ви більше не відчуваєте болю й змогли пробачити, скажіть:

«Дякую, Ісусе, що зцілив мене від болю!»

Примітка. Якщо ви все одно відчуваєте біль і прощення дається вам важко, ви можете повторити ці три кроки зцілення або рухатися далі. Іноді для отримання повного зцілення необхідно спочатку помолитися про зцілення спогадів, розібратися з реакцією на кривду або помолитися про звільнення.

Пауза для роздумів

- Яку душевну рану ви хочете принести Ісусу?
- Чи помічаєте ви, коли ваш партнер відчуває душевний біль або в нього не все гаразд?
- Чи готові ви разом спробувати молитися про зцілення від душевних ран?

Розділ 21

РОЗБИРАЄМОСЯ З НЕГАТИВНИМИ РЕАКЦІЯМИ

Молитви про реакції

Ми бачимо, що разом, як пара, ми можемо принести свій емоційний біль Ісусу. Але це тільки перша частина ефективного зцілення. На наступному етапі необхідно розібратися з нашими реакціями на те, що сказав або зробив наш партнер. Ці реакції можуть завдати ще більшого болю і розпалити конфлікт. Уявіть, що у вас був важкий день або ви просто погано почуваєтеся, і ви говорите щось необережне та образливе. Інший не може залишити це поза увагою і каже щось образливе у відповідь, і в результаті ви сваритеся. Якщо вам це знайоме, то знайте, що ви не самотні!

Багато наших реакцій на кривду властиві людині та зрозумілі. Ми навіть можемо їх виправдати. Але триматися за них — означає створювати ще більше проблем. З іншого боку, впоратися з нашими реакціями — все одно що нанести на рану дезінфекційний засіб. Він убиває небезпечні мікроби і дозволяє рані загоїтися.

Відповідальність за свої реакції

Багато людей так і не можуть забути про те, як з ними вчинили. Вони продовжують реагувати з гіркотою, гнівом, болем і непрощенням, іноді роками. Як і у випадку з фізичними ранами, виникає свого роду інфекція, яка перешкоджає повному зціленню. Цей стан можна назвати «духовною інфекцією».

Якщо ми хочемо рухатися вперед, нам потрібно розібратися з нашими негативними реакціями на образу. Багато з них, як-от ненависть, непрощення, жалість до себе тощо, призводять до гріховної поведінки. Послання до Ефесян 4:31 застерігає нас:

Усяке роздратування, гнів, лють, крик і зневага хай віддаляться від вас разом із усякою злобою.

Не варто триматися за такі реакції і дозволяти їм руйнувати наше життя, правильним буде з ними впоратися! Наведений нижче молитовний інструмент допоможе вам зруйнувати владу негативних реакцій і звільнити себе та свої стосунки від їхньої отрути.

МОЛИТВИ ПРО РЕАКЦІЇ ДЛЯ ПОДРУЖНІХ ПАР

Крок 1. Розкажіть Ісусу, що ви відчуваєте з приводу того, що сталося, і як ви відреагували на це

Якщо ви сказали або зробили щось погане, бо вам було боляче, зізнайтеся в цьому Господу.

Ви можете сказати:

«Любий Господи Ісусе, я почуваюся... через те, що мій партнер сказав/зробив мені. Це було негарно і несправедливо. Але і я теж сказав/зробив щось недобре або несправедливе у відповідь, бо мені було боляче».

Важливо чесно висловлювати свою реакцію на те, що завдало вам болю. Говорити з Богом про свою реакцію на те, що нас скривдило, — не означає загрузнути в негативних почуттях, зациклюватися на обра́зі чи навіть намагатися виправдати свою реакцію. Адже це сприятиме формуванню менталітету жертви, чого ми, певна річ, не хочемо! Навпаки, відкрито й чесно розповідаючи Богу про свої почуття, ми дозволяємо Йому допомогти нам упоратися з нашою неправильною реакцією і зруйнувати її силу й владу. Деякі реакції на кривду можуть бути настільки гострими/потужними, що ми ризикуємо завдати шкоди собі або своєму партнерові, якщо Бог не допоможе нам упоратися з ними.

Крок 2. Попросіть Ісуса простити вам ваші реакції і те, що ви тримались за них

Скажіть Ісусу, що ви шкодуєте про те, що думали, говорили або робили неправильні речі через вашу реакцію на образу.

Ви можете сказати:

«Господи Ісусе, будь ласка, пробач мені те, як я відреагував, і те, що я тримався за ці негативні почуття і реакції».

Коли нас кривдять у шлюбі, ми часто самі реагуємо на це не найкращим чином. І тоді ми стаємо не просто жертвою, а винуватцем. Визнання того, що це сталося, може принести полегшення. Визнання того, що ми погано відреагували на образу, завдану нам партнером або кимось іще, у жодному разі не применшує і не виправдовує того, як із нами вчинили. Це також не дає нікому права й далі кривдити нас! Але це захищає наші серця від гірких коренів і хибної позиції жертви, які так поширені сьогодні. Це також дозволяє Богу зцілити нас, щоб ми могли по-справжньому забути старий біль і новий.

Крок 3. Попросіть Ісуса забрати негативні почуття

Ви можете сказати:

«Я прошу Тебе, Господи Ісусе, забери ці негативні почуття (назвіть їх). *Я відпускаю їх і віддаю Тобі!»*

Можливо, вам допоможе, якщо уявите, що стоїте поруч з Ісусом і віддаєте Йому всі свої негативні почуття та реакції на образу.

Коли вони зникнуть, подякуйте Ісусу за свого партнера й благословіть його або її:

Ви можете сказати:

«Дякую, Ісусе, за (ім'я)*! Я благословляю його/її в ім'я Твоє!»*

Пауза для роздумів

- Як ваші реакції на кривду призвели до того, що ви завдали болю собі чи іншим?
- Коли ви озлоблювалися або говорили образливі речі?
- Розберіться з неправильними реакціями за допомогою молитви про реакції.

Розділ 22

КОЛИ НАС МУЧАТЬ СПОГАДИ

Молитви про спогади

Тепер ми переходимо до третього молитовного інструмента — молитви про спогади для подружніх пар. Створений за аналогією з молитвами про зцілення і реакції, цей інструмент пропонує ще один спосіб отримати доступ до наших душевних ран і дозволити Богові зцілити від них.

Коли ми усвідомлюємо, які обра́зи ми принесли в шлюб або в яких ситуаціях завдавали одне одному болю, може бути доцільним запросити Бога в болючі спогади, пов'язані з цими обра́зами. Бог не обмежений часом і простором, тому для Нього не є проблемою зцілити від ран, завданих подіями в минулому. Молитва про спогади дозволяє нам отримати зцілення як від легких, так і від серйозних, глибоких ран.

Деякі образи або болючі спогади можуть бути дуже відчутними, інші ж — пригніченими або навіть забутими. Але поки вони не будуть зцілені, вони можуть і далі негативно впливати на наші думки та вчинки. Краса «молитви про спогади» полягає в тому, що будь-який біль або негативна реакція, які могли з'явитися в нас у момент виникнення спогаду, можуть піднятися на поверхню нашого життя і бути зціленими силою Божою. А коли болючий спогад зцілено, виявляється, що ми, як і раніше, пам'ятаємо про те, що трапилося, але це вже не викликає болю!

Ми вважаємо цей молитовний інструмент неоціненним. За його допомогою ми разом молилися про багато болючих подій у нашому минулому. Щоразу ми були вражені тим, як Господь зціляв і звільняв нас. Ми дивувалися тому, як Святий Дух виводив на світло те, що було приховано, і як унаслідок звільнення та зцілення змінювалося наше життя. Наступна історія — лише один із прикладів.

Здивовані Святим Духом

Протягом багатьох років, уже в дорослому віці, Деніел відчував дивну тривогу, коли надворі темніло, але не знав причини цього відчуття. Одного разу Святий Дух здивував нас, викликавши в Деніела спогад про дім рептилій у зоопарку Цюриха, де той бував у дитинстві. У цій будівлі завжди було дуже темно, і маленький Деніел боявся великого крокодила. Зараз, молячись, Деніел почав відчувати ті самі тривогу й страх — переживання, що зазвичай охоплювали його з настанням темряви. Але раптом він побачив світло. Ми веліли духу страху залишити Деніела й не відступали, поки Деніел не відчув себе вільним. Наступного дня, коли почало темніти, він помітив, що дивне відчуття зникло.

МОЛИТВИ ПРО СПОГАДИ

Крок 1. Попросіть Ісуса повернути вас до болючого спогаду

Ви можете сказати:

«Любий Господи Ісусе, будь ласка, поверни мене до болючого спогаду, який Ти хочеш зцілити!»

Потім почекайте й подивіться, що Бог викличе у вашій свідомості. Дивно, що іноді спливає в пам'яті, коли ми молимося таким чином. Важливо водночас не забувати, що Ісус — джентльмен. Він ніколи не стане нагадувати те, що на цей момент є надто болючим для вас. З нашого досвіду, потрібні спогади завжди спливають у потрібний час, і саме вони потребують зцілення в той момент!

Щойно спогад з'явився, дозвольте почуттям, пов'язаним із ним, вийти на поверхню. Попросити Ісуса повернути нас до болючих спогадів зазвичай означає пережити зараз, у сьогоденні, ті самі відчуття болю, страху, гніву, ненависті, самотності тощо, які ми переживали під час травмувальної події в минулому.

На цьому етапі важливо дати почуттям достатньо часу, щоб проявитися, і не намагатися стримувати себе. Інакше негативні емоції, не отримавши належного зцілення, можуть повернутися назад всередину й далі турбуватимуть нас.

Крок 2. Попросіть Ісуса увійти в болючий спогад

Ви можете сказати:

«Будь ласка, Господи Ісусе, прийди в цей болючий спогад».

Цей крок не полягає в тому, щоб уявити собі, як Ісус щось робить, або переконати себе в тому, що ми бачимо, як

Він робить те чи інше, щоб зцілити нас. Радше ми запрошуємо Ісуса в ситуацію і даємо Йому можливість прийти і явити Себе нам у цей момент. Це дуже відрізняється від того, щоби просто позитивно ставитися до минулого або уявляти собі різні варіанти завершення певних ситуацій.

Ісус справді має силу приходити в наші спогади й чинити чудові зцілення! Ми неодноразово переконувалися в цьому на прикладі нашого власного шлюбу й безлічі людей, яким ми служили. Сама присутність воскреслого Спасителя і Його явлення нам у болючий момент приносять зцілення і свободу, яких неможливо досягти за допомогою позитивного мислення або доброзичливих порад.

Ісус являє Себе й зцілює по-різному. У наведеному нами прикладі Деніел побачив світло, яке, як ми віримо, було світлом Христа. Багато людей, які моляться цією молитвою, справді бачать, як Ісус робить щось, що втішає, захищає або іншим чином глибоко їх торкається. Інші просто переживають глибокий, відчутний мир Божий, який неможливо пояснити словами.

Мир залишаю вам, Мій мир Я даю вам. Не так, як світ дає, Я даю вам. Хай не тривожиться ваше серце і не лякається.

Івана 14:27

Крок 3. Висловіть прощення

Якщо сплив спогад про те, що хтось вас скривдив, ви можете сказати:

«Я прощаю... те, що він/вона сказав або зробив мені. І я прошу Тебе, Господи Ісусе, пробачити мені... (назвіть свою реакцію на образу)».

Коли ви відчуєте спокій, знову поверніться до болючого спогаду. Запитайте себе: «Що я відчуваю зараз?».

Якщо ви ще не до кінця заспокоїлися, побудьте в молитві в присутності Бога ще трохи, поки не відчуєте Його розраду й мир. Потім подякуйте Йому за зцілення цього спогаду.

Примітка. Щоб отримати повну свободу від болючих спогадів, вам також можуть знадобитися молитви про звільнення. Ми розглянемо їх у наступній частині.

Пауза для роздумів

- Чи є у вас болючі спогади, які ви хотіли б, щоб Ісус зцілив?
- Скористайтеся молитвами про спогади, принесіть цей спогад до Ісуса й попросіть Його зцілити вас.

ЗВІЛЬНЕННЯ

Учимося молитися про свободу

Розділ 23

СИЛА ЗВІЛЬНЕННЯ В ШЛЮБІ

Ключ до відчутних змін

Говорячи про звільнення, ми маємо на увазі духовний процес, що відбувається в невидимій або духовній сфері. Однак він приводить до цілком реальних і відчутних змін у видимому світі наших думок, почуттів та вчинків.

Якщо ми хочемо відчути силу звільнення, яка змінює життя, ми маємо спочатку зрозуміти реальність невидимого світу, що оточує нас, і його вплив на наш шлюб. Це допоможе нам усвідомити свою потребу в молитвах про звільнення й підготуватися до перемоги над темрявою, яку Бог уже здобув для нас у Христі Ісусі.

Погляд за лаштунки

Якщо ви маєте західний менталітет, то ідея про те, що вас оточує і на вас впливає невидимий світ, може бути для вас новою. Так було з чоловіком, якого ми назвемо Джеком і якого Деніел консультував тут, у Швейцарії, кілька років тому. Джек був алкоголіком, і ця залежність стала причиною багатьох проблем у його шлюбі. Він не вірив у Бога, але цінував спілкування з Деніелом. Одного разу, ідучи безлюдною вулицею, Джек проходив повз бар. Він не збирався туди заходити, але раптом почув ясний і виразний голос, який промовив: «Зайдімо й вип'ємо разом!». Він озирнувся, щоб подивитися, хто з ним заговорив, але нікого не побачив. Вулиця була так само безлюдна. Джек був настільки вражений тим, що сталося, що одразу ж вирушив до Деніела, аби запитати, що він думає з цього приводу.

На той момент Джек був психічно здоровий і мав хорошу роботу. Оскільки він не вірив у Бога, то не вірив і в невидимий, або духовний, світ. Але коли з ним з нізвідки заговорив голос, який, як він знав, не міг належати людині, його очі раптово відкрилися, і він жахнувся. Він зрозумів, що якась стороння сила намагалася маніпулювати ним, наче маріонеткою на ниточці, щоб змусити прикластися до пляшки. До цього випадку Джек пишався своєю незалежністю й самостійністю. Раптом він зрозумів, що коли справа доходить до випивки, він не контролює себе, натомість щось має владу над ним.

Як виявив Джек, незалежно від того, віримо ми в це чи ні, подобається нам це чи ні, навколо нас існує невидиме царство, духовний вимір, який є дуже реальним. Видимий, матеріальний, світ — це аж ніяк не все, що існує! Але гарна новина полягає в тому, що якщо ми належимо Господу Ісусу Христу, любимо Його і йдемо за Ним, то ми аж ніяк не беззахисні перед духовними силами, які є частиною невидимого царства.

Бог дав нам перемогу

Біблія вчить, що Бог уже раз і назавжди переміг диявола й усі сили темряви під його владою смертю і воскресінням Свого Сина, Господа Ісуса Христа. Ба більше, Він забезпечив нас необхідними духовними інструментами, щоб ми могли захистити себе й свій шлюб від будь-яких атак, що чиняться на нас із невидимого світу.

Проблеми в природному, видимому світі можуть мати духовну складову, як це виявив наш друг, який боровся з потягом до алкоголю, в наведеному вище прикладі. Усвідомлення того, що це може бути так, не має нас лякати, а навпаки, вселяти надію та сміливість. Бо ми раптом усвідомлюємо, що те, що ми приймали як частину життя або, можливо, навіть те, якими ми є, насправді може змінитися. І якби ми змогли подолати духовні впливи з невидимого світу, які нас турбують, і позбутися їх, то ми були б вільні!

Як звільнення змінило наш шлюб

Як і у випадку зі зціленням, ми вже мали певний досвід служіння звільнення на початку подружнього життя. Ми обидва отримали звільнення для себе, і це дуже змінило нас. Але ми також молилися за звільнення інших людей і бачили, як змінюються багато життів.

Як ми вже говорили, інтимна частина подружнього життя виводить на поверхню те, що потребує відновлення в кожному з нас. Тож невдовзі ми зіткнулися з внутрішніми проблемами та негативними моделями поведінки. Нам стало зрозуміло, що це має духовну складову. Якщо ми хотіли, щоб наш шлюб був міцним і щасливим, нам потрібно було молитися одне за одного, за звільнення для кожного. Незабаром молитва про звільнення стала для нас такою ж важливою, як і молитва про зцілення й прощення!

Естер згадує один із випадків нашої першої спільної молитви про звільнення, що стався невдовзі після весілля:

«Одного разу, коли Деніел хотів обійняти мене, мої руки раптом злетіли над моєю головою, наче я намагалася захиститися від когось. Ми знали, що я ніколи не стикалася з жорстокістю або фізичним насильством, тому така реакція здалася нам дуже дивною. Ми вирішили попросити Святого Духа показати нам, що саме відбувається. Під час молити я згадала випадок зі свого дитинства в Кенії. Чоловік, який працював у сусідньому будинку, спробував мене домагатися. На щастя, мене покликала мама, що саме шукала мене. Почувши її голос, чоловік швидко відпустив мене.

Застосувавши молитву про спогади, якою ми поділилися раніше, я змогла отримати Боже зцілення від пережитої травми. Потім ми помолилися про звільнення, наказуючи всякому духу, який отримав доступ у моє життя, піти. Я дійсно відчула, як щось, що не було частиною мене, залишило мене. Після молитви про зцілення і звільнення від наслідків цього інциденту в мене більше ніколи не було такої реакції, коли Деніел хотів мене обійняти. Ми також з подивом виявили, що напруження, яке я раніше відчувала в моменти нашої сексуальної близькості, також зникло, і я змогла набагато більше відкритися Деніелу».

Зміни, що відбулися в нашому шлюбі в результаті тих ранніх молитов, відкрили нам шлях до спільної молитви про зцілення і звільнення в багатьох інших ситуаціях. Не виходячи з дому, ми змогли ефективно допомогти одне одному подолати багато проблем у найрізноманітніших сферах у міру того, як вони підіймалися на поверхню в нашому житті.

Ми досі переживаємо захват, коли думаємо про те, які зміни можливі, коли ми молимося про звільнення. А в поєднанні зі зціленням і прощенням звільнення може подолати набагато більше проблем у шлюбі, ніж ми коли-небудь могли собі уявити!

Пауза для роздумів

- Чи вірите ви, що невидимий або духовний світ може впливати на ваш шлюб?
- Чи є у вашому шлюбі сфера, в якій, як ви підозрюєте, діють сили темряви?

Розділ 24

ДУХОВНИЙ СВІТ НАВКОЛО НАС

Бог дає нам перемогу

Коли ми стикаємося з проблемами в шлюбі та шукаємо шляхи їх розв'язання, важливо розуміти, що нас оточує не лише невидимий світ, а й духовна боротьба в ньому. Як люди, створені за образом і подобою Божою, ми перебуваємо в центрі цієї боротьби.

Ось як апостол Павло розповідає про цю битву:

Адже наша боротьба не з тілом і кров'ю, але з началами, з владами, зі світовими правителями темряви цього віку, з піднебесними духами злоби

До Ефесян 6:12

Іншими словами, крім ангелів, про яких багато хто любить говорити, існують і злі духи. У Біблії вони названі грішними ангелами. Колись вони були хорошими, але відпали від Бога. Замість того щоб служити Богові, вони тепер ворогують із Ним. Вони нападають на нас, намагаючись збити нас зі шляху й змусити відвернутися від Бога, як це зробили вони.

Найвищий за рангом грішний ангел відомий як Люцифер або сатана, і багато хто вважає, що колись він був архангелом. Таким чином, у невидимому світі існує не одне, а два духовних царства. Перше — Царство Боже, в якому мешкають міріади ангелів. Це царство світла й Сина Божого, Ісуса Христа. Друге — царство темряви, де навколо сатани зібралися грішні ангели. Вони повстали проти Бога, сподіваючись перемогти Його одного разу. Однак хрестом Ісуса Христа сатана й усі його демони були переможені та обеззброєні. У Посланні до Колосян читаємо:

...роззброївши влади й начальства, сміливо їх вивів на посміховисько, перемігши їх на хресті!

До Колосян 2:15, переклад Івана Огієнка

Розуміння того, що ворог обеззброєний, украй важливе для молитви про звільнення від його атак. Знання того, що Ісус Христос переміг сатану Своєю жертвою й кров'ю на хресті, є фундаментальним; без нього неможливе визволення. Те, що Ісус здійснив для нас Своєю смертю й воскресінням, є основою нашого спасіння і основою для нашого зцілення і звільнення.

Трагічно звучить висловлювання філософа Фрідріха Ніцше про християн, з якими йому довелося познайомитися: «Їм слід було б заспівати ще краще, щоб я повірив у їхнього спасителя; тоді б і його апостоли здались мені спасенними!»[1]. Віра в спасіння і переживання спасіння — це не одне й те саме, і результати в них різні. Якщо спасіння залишається тільки знанням у голові, але ми ніколи не переживаємо Божої сили, то наша віра може швидко стати напруженою справою. Ми віримо, що Бог не лише хоче дати нам віру в Нього для нашого спасіння, а й забезпечити нас необхідними інструментами, щоб ми могли реалізувати й переживати це спасіння на всіх рівнях, зокрема й у шлюбі!

Уперше Ісус дав ці інструменти дванадцятьом учням, коли послав їх із силою й владою виганяти всяку нечисть і зцілювати хвороби (див.: Луки 9:1-2). Потім Бог зробив їх доступними для всіх віруючих через вилив Святого Духа в день П'ятдесятниці. І донині ці інструменти доступні нам! Ми можемо користуватися ними в нашому шлюбі, щоб зцілювати й звільняти одне одного, так, що навіть Ніцше, якби він був живий сьогодні, побачив би результати та дійшов би висновку, що наш Спаситель справді живе й спас нас! Тож навчімося оцінювати ситуації в нашому шлюбі з духовної перспективи та обирати правильні молитовні засоби, а також практичні рішення, які мають сенс.

Приклад зі служіння

Щоби проілюструвати, як може відбуватися застосування цих інструментів і яку користь вони можуть принести, розкажемо про друзів, що мешкають в Аргентині, яких ми назвемо Роза й Мігель. Коли ми познайомилися з ними, вони не були одружені, але мали малих дітей такого ж віку, що й наші. Якось за вечерею, коли ми розмовляли про життя і кохання, Мігель поділився своїми сумнівами щодо шлюбу. З одного

---

[1] Фрідріх Ніцше. Так казав Заратустра. (Розділ «Про жерців»). Перекладено за виданням: Friedrich Nietzsche. Also sprach Zarathustra, Baden-Baden, 1976.

боку, він дуже хотів одружитися, з другого — боявся, адже подружнє життя його батьків було таким складним. Він не хотів ризикувати, побоюючись, що свідоцтво про шлюб зруйнує кохання й дружбу між ними.

Ми пояснили Мігелю, що біль, який він відчував через стосунки своїх батьків, може бути зцілений. І що він може позбутися страху, що шлюб зруйнує їхнє кохання. Ми запропонували Мігелю помолитися разом із нами, і він із вдячністю погодився. Того ж вечора Господь зцілив Мігеля від болю й звільнив від страху, який утримував його від шлюбу. Невдовзі він попросив Розу стати його дружиною, і вони побралися!

Звільнення як частина повсякденного життя

Ісус Христос прийшов, щоб дати нам життя у великому достатку (див.: Івана 10:10). Іншими словами, Ісус прийшов для нас, створюючи шлюб, Господь хотів, щоб він був прекрасний і приносив нам величезну радість! Але сатана, наш ворог, хоче вкрасти, вбити й зруйнувати в нашому житті все, що тільки можливо, і тому нападає на нас за кожної нагоди (див.: 1 Петра 5:8). Це сумна духовна реальність, навіть якщо ми не завжди хочемо чути про неї. Ось чому так важливо додати в наш подружній арсенал інструменти звільнення, щоб успішно відбивати атаки ворога й жити в шлюбі повноцінним життям.

Подібно до того, як ми чистимо зуби, щоб зберегти їх здоровими й уникнути стоматологічного втручання, ми можемо використовувати молитви про звільнення в нашому повсякденному житті, щоб залишатися духовно чистими та здоровими. Може здатися дивним порівнювати звільнення з чищенням зубів. Але на зубах є бактерії, яких ми не бачимо. Вони здатні завдати шкоди нашим зубам і стати причиною реального болю, якщо ми не позбудемося їх за допомогою ретельного чищення. Щоб допомогти дітям зрозуміти важливість чищення зубів, бактерій іноді зображують у вигляді «зубних демонів». Так само ми не бачимо злих духів або демонів, але вони існують, і вони постійно шукають способів напасти на нас і зіпсувати наше життя й шлюб. Ми маємо регулярно захищати свою душу й тіло від духовних атак і швидко позбуватися загарбників, які прорвалися крізь наш захист. Це запорука міцного емоційного, духовного й фізичного здоров'я.

Звільнення під ударом/вогнем

Сатана використовує безліч різних засобів і методів, щоб ускладнити наше подружнє життя й не дати нам дізнатися про інструменти звільнення, які могли б нам допомогти. Найпоширенішими методами, до яких вдається ворог, щоб утримувати людей у путах, є:

- Невігластво і невіра
- Страх перед дияволом
- Думка, що молитви про звільнення є складними
- Переконання, що для звільнення потрібні фахівці

Важливо, щоб ми навчилися бачити ці методи такими, якими вони є, і навчилися успішно захищатися від атак ворога. Молитви про звільнення, які ми наводимо в цій книжці, є ефективним і потужним інструментом для цього. Коли ви починаєте молитися про визволення в різних ситуаціях, ви створюєте можливості для Бога проявити Його силу. Перемога, яку Він уже здобув для вас на хресті, стає реальністю в цій сфері вашого життя та шлюбу. Ви дедалі більше й більше переконуватиметеся в тому, що Ісус справді сильніший і могутніший за лукавого. І що Він має силу звільнити вас від страху, болю, травм, залежності, хвороб і багато чого іншого. Що більше свободи отримуватимете ви й ваш партнер, то менше напруження буде у ваших стосунках і то більше миру та єдності буде між вами. Ваша віра зміцниться, і ви зможете краще розпізнавати й відбивати майбутні атаки ворога. Це наш досвід, і ми переконані, що Бог хоче дати вам таку ж прозорливість і перемогу у вашому шлюбі.

Пауза для роздумів

- Подякуйте Ісусу за те, що Він прийшов дати вам життя з великим достатком!
- До якого методу вдається ворог, щоб утримувати вас від молитви про звільнення? Чи є інші?

Розділ 25

ВИЗНАЧАЄМО ТА ЗАКРИВАЄМО ТОЧКИ ВХОДУ

Підготовка до свободи

Відсутність внутрішньої свободи може створювати напруження в шлюбі, що дуже часто призводить до конфліктів. Тому дуже важливо навчитися слухати Святого Духа, бачити коріння проблем і молитися про зцілення та звільнення, якщо це необхідно.

Це прекрасно — служити своєму партнерові й бачити, як він зцілюється і звільняється від вантажу, який обтяжує його з дитинства, юності або колишніх стосунків. Ми віримо, що Бог хоче, щоб як подружжя ми навчилися молитися одне за одного й одне з одним, щоби бути ще більш корисними в Царстві Божому! Яке це дивовижне полегшення, коли виходять назовні проблеми з нашого минулого, які заважали нам зростати разом у єдності й любові. Ми багато говорили про це, але добре пам'ятати про мету.

Важливим кроком на шляху до досягнення цілісності й свободи є розуміння того, як злі духи можуть отримати доступ у наше життя. Ми не намагатимемося перелічити всі можливі способи, оскільки це виходить за рамки цієї книжки! Ми лише хочемо звернути вашу увагу на деякі з основних областей, куди можуть бути спрямовані духовні атаки в невидимому світі. Спираючись на матеріал попередніх розділів, ми покажемо вам роль звільнення в боротьбі з гріхом і отриманні повного зцілення, так що до кінця книжки ви маєте зрозуміти кожен із п'яти молитовних інструментів і були готовими почати впевнено ними користуватися.

Духовні атаки

Духовні атаки схожі на дротики або стріли, які ворог кидає в нас, намагаючись збентежити й позбавити перемоги в Христі в усіх можливих сферах нашого життя. Зрозуміти, що на нас чиниться духовна атака, можна з того, що ми просто не схожі на себе, не діємо, не думаємо й не почуваємося так, як зазвичай. Наприклад, чи траплялася між вами гостра суперечка, після закінчення якої ніхто з вас поняття не мав, про що ви сперечалися? Немов конфлікт раптово спалахнув між вами, але насправді не був частиною вас. Ми, звісно, не раз стикалися з подібним. Ми навчилися робити глибокий вдих, заспокоюватися й просити Бога показати нам, що стоїть за сваркою. Іноді причиною був стрес або брак часу для близькості. Однак часто це відбувалося тому, що Бог хотів використати нас для служіння іншим, а ворог щосили намагався зруйнувати насамперед нашу дружбу та єдність.

Деякі духовні атаки ми можемо розпізнати одразу, інші розпізнати важче, бо вони набагато витонченіші. Ми привчили себе не дивитися на ситуацію тільки своїми людськими очима. Ми хочемо дати Богові можливість показати нам, як молитися в кожній конкретній ситуації, щоб Він допоміг нам здобути перемогу у Христі. Іноді Він дає нам практичні рішення. Іноді — вказує на необхідність простити або змінити своє ставлення до ситуації. Він також може показати нам, що ми піддаємося нападу в невидимому світі та що нам потрібно взяти владу над будь-яким духом, який атакує нас, і наказати йому піти геть. Коли ми молимося про звільнення таким чином, у нас може з'явитися позіхання, відрижка або просто відчуття легкості всередині. Тоді ми знову почуваємося краще й знову стаємо схожими на самих себе.

Нарешті, ще одним видом духовних атак, про який варто згадати, є прокляття. Іноді прокляття насилають інші люди, які навмисно намагаються заподіяти нам шкоду.

Гріх відчиняє двері

Основною точкою входу для духовної атаки в шлюбі є гріх. Якщо ми не каємося й не відвертаємося від нього, ми робимо себе духовно вразливими, і ворог може отримати доступ до нашого життя й наших стосунків. Непрощення, гнів, образа й ненависть — ось приклади гріхів, які часто пов'язані з незціленими душевними ранами.

Ще одна важлива точка входу — гріх інших людей проти нас, наприклад коли вони маніпулюють нами або домінують над нами й ми не почуваємося вільними від них. Однак духи можуть приходити й по родинній лінії. Вони можуть стояти за схильністю до певної гріховної поведінки, як-от дратівливість, перелюбство, залежність тощо. Нерідко зустрічаються й спадкові травми. Наприклад, ми молилися з людьми, чиї батьки страждали від воєнних травм.

Тому найважливішою частиною підготовки до звільнення є готовність позбутися всіх відомих гріхів і бажання простити тим, хто згрішив проти нас або наших предків.

Емоційні рани

Ще однією поширеною точкою входу для демонів є незагоєні емоційні рани. У попередніх розділах ми бачили, як важливо зцілювати емоційні рани, щоб уникнути духовного зараження. Але не завжди це вдається зробити, тому нам необхідно трохи більше зрозуміти, що таке духовна інфекція і яка роль молитов про звільнення в очищенні таких ран, щоб вони були нарешті зцілені. Духовна інфекція виникає тоді, коли емоційна травма не зцілена й до неї додаються такі негативні реакції, як гнів, непрощення чи гіркота. Злі духи можуть скористатися такою ситуацією й увійти в нас, посилити або загострити наші негативні почуття, думки чи дії. Наприклад, якщо в людини звичайний, властивий природі людини гнів, вона може навчитися контролювати себе й тримати гнів під контролем. Але людині з духовною інфекцією буде дуже важко контролювати свій гнів, вдаючись до звичайних загальновідомих технік. Тоді вже не вона контролює свій гнів, а гнів починає контролювати її. Так само людина, яка ненавидить свого кривдника й виявляє, що її ненависть продовжує зростати й посилюватися до такої міри, що вона не здатна відпустити або простити, може потребувати звільнення від духа ненависті.

Визначте, в чому ви не вільні

Як дізнатися, чи є в нашому житті злий дух, чи ми просто маємо справу з природними емоціями або навіть поганою вдачею? Часто ми не завжди усвідомлюємо, що перебуваємо під впливом такого духа. Тому ключ до розуміння того, в яких сферах ми не вільні, полягає в тому, щоби пам'ятати, що злий дух — це окрема сутність, незалежна істота. Він не є невіддільною частиною нас, нашого характеру чи нашої особистості. Тому, повторюся, однією з ознак є те, що в якійсь сфері нашого життя ми почуваємося не зовсім собою. Під час консультацій люди раз у раз описують певні моменти, коли вони відчували, що перебувають під впливом або контролем чогось, що просто не було схоже на них самих. Інші казали, що на них начебто щось найшло. І хоча вони боролися з цим усіма знайомими їм звичайними засобами/прийомами, вони не могли цього позбутися. Якщо дух увійшов у нас дуже рано, він міг переплестися з нашою особистістю чи характером, але ми починаємо розуміти, що це не те, якими створив нас Бог.

Якщо один із подружжя не вільний у якійсь сфері, це впливає на стосунки в шлюбі. Хоча ми стаємо одним тілом, вступаючи в шлюбний завіт, кожен із нас, як і раніше, залишається особистістю зі своєю власною свободою волі. Тому, коли потрібно правильно визначити точки входу, а потім молитися про звільнення, має бути залучена воля того з нас, хто потребує звільнення. Іншими словами, ми маємо хотіти бути вільними.

Пауза для роздумів

- У яких сферах свого життя ви не відчуваєте повної свободи?
- Як відсутність свободи впливає на ваш шлюб?

Розділ 26

МОЛИМОСЯ ПРО ЗВІЛЬНЕННЯ

Молитви про звільнення для подружніх пар

Ми бачили, як багато людей відчули реальні й стійкі зміни, коли почали застосовувати молитви про звільнення, як поодинці, так і в парі. Більшість із них просто набралися сміливості й почали діяти, хоча, можливо, спочатку не почувалися впевнено та з острахом ставилися до молитви про звільнення. Це правильно — мати здорову повагу до ворога, усвідомлюючи, що ми нічого не можемо зробити проти його сили без допомоги й захисту нашого Господа Ісуса Христа. Водночас тим, хто живе у Христі й виконує Його заповіді, нема чого боятися, бо наше життя сховане у Христі (див.: До Колосян 3:3). Ба більше, Він дав нам силу й владу протистояти лукавому (див.: Луки 9:1-2). І не тільки протистояти, а й виганяти злих духів, які отримали доступ у наше життя (див.: Якова 4:7; Марка 16:17). Ми маємо право, силу й владу молитися про звільнення і визволяти в'язнів. Ми робимо це не самотужки. Бог перебуває з нами силою Свого Святого Духа. Він веде й спрямовує нас під час молитви й радіє, що звільняє нас!

Тепер розгляньмо безпосередньо молитви про звільнення. Як і в інших молитовних інструментах, тут є три простих і потужних кроки. Ви можете використовувати цей інструмент для молитви за себе та одне за одного, коли не почуваєтеся духовно вільними.

МОЛИТВИ ПРО ЗВІЛЬНЕННЯ

Крок 1. Скажіть Ісусу, від чого ви хочете звільнитися

Приклад:

«Любий Господи Ісусе, я хочу звільнитися від...»

Назвіть те, від чого ви хочете звільнитися. Наприклад, «я хочу звільнитися від страху, контролю або примусу». Хай із чим ми боремося, ми можемо відкрито говорити про це з Господом. Він завжди уважно слухає нас.

Наша воля має тут ключове значення. Ми маємо бути сповнені рішучості стати вільними й твердо постановити, що більше не терпітимемо у своєму житті цього духа й пов'язаного з ним гріха. Ми маємо відчайдушно прагнути свободи! Якщо ми молитимемося впівсили, то не звільнимося. Чому ми так сильно наголошуємо на цьому? Відповідь у тому, що Бог поважає нашу волю. А наша воля здатна визначати наше сьогодення й наше майбутнє.

Крок 2. Проясніть ситуацію й розберіться з почуттям провини

Якщо дух увійшов у ваше життя через те, що хтось зробив вам, пробачте йому або їй.

Ви можете сказати:

«Я прощаю... те, що він/вона зробили мені».

Якщо це ваша провина, попросіть Ісуса пробачити вам те, що ви відчинили двері цьому духу у ваше життя.

Ви можете сказати:

«Господи Ісусе, будь ласка, прости мені те, що я зро-
бив, сказав чи подумав...»

Звільнення — це позбавлення ворога будь-яких законних прав на присутність у нашому житті. Важливий ключ до цього — отримати прощення за свої гріхи й простити іншим людям, які завдали нам болю. Насправді ми ніколи не бачили, щоб хтось отримав звільнення без покаяння та/або не простивши. Те саме стосується і образ та неправильних реакцій, які призвели до духовної інфекції. Ось чому важливо розглядати питання або проблему комплексно, використовуючи за потреби комбінацію молитовних інструментів. Більш детально ми розглянемо це в наступному розділі.

Крок 3. Накажіть злому духу покинути вас в ім'я Ісуса Христа

Ви можете сказати:

«Я наказую духу... (наприклад, страху, гніву тощо)
залишити мене в ім'я Ісуса Христа!»

Ми вже зазначали, що злий дух — це духовна істота, яка не має тіла. Тому, коли ми наказуємо духу покинути нас, ми часто відчуваємо, як він на короткий час проявляється в нашому тілі перед тим, як покинути його. Наприклад, ми можемо відчути біль або тиск у голові, тиск у грудях, важкість у ногах тощо. Ми також можемо відчути пов'язані з духом негативні емоції, такі як страх, гнів тощо, які він посилював у нашому житті. Не турбуйтеся, якщо це відбувається з вами. Продовжуйте далі й зусиллям волі накажіть духу покинути вас. Моліться таким чином доти, доки прояв або негативна емоція, яку ви відчували, не зникне й ви не відчуєте себе вільними. Ви також можете відчути раптовий спокій, радість або легкість у своєму дусі, коли злий дух піде.

Існує кілька способів, за допомогою яких ви можете перевірити, чи дух пішов, чи потрібно ще помолитися. Наприклад, якщо ви молилися про звільнення від духа непрощення, подумайте про людину, якій ви не могли пробачити. Чи можете ви пробачити їй зараз? Або, якщо ви молилися про звільнення від духа залякування, що діє через іншу людину, подумайте про цю людину. Чи почуваєтеся ви й далі заляканим нею? Коли дух покидає вас, ви відчуєте зміни. Є випадки, коли здається, що зміни не відбулися відразу. Однак протягом наступних днів ви почнете помічати, що в деяких ситуаціях ви реагуєте інакше, ніж до молитви про звільнення: можливо, ви почали краще контролювати свій характер або спите спокійніше, без кошмарів.

Нарешті, завжди знаходьте час подякувати Богові за те, що Він звільнив вас!

Ви можете сказати:

«Дякую, Господи Ісусе, що звільнив мене! Наповни мене наново Твоїм дорогоцінним Святим Духом!»

* * *

Ці три молитовні кроки — простий і потужний інструмент звільнення, який можна застосовувати для розв'язання духовних складових проблем, що негативно впливають на ваше життя й шлюб у невидимій сфері. Ми рекомендуємо застосовувати молитви про звільнення вдома. Ви можете робити це як поодинці, так і разом, коли зрозумієте, що вам потрібне звільнення в тій чи іншій сфері вашого життя. Пам'ятайте, що ви можете поєднувати молитви про звільнення з іншими молитовними інструментами й у такий спосіб отримати цілісний підхід до вашого шляху до повного й остаточного зцілення та свободи.

Розділ 27

ДОСЯГАЄМО КРАЩИХ РЕЗУЛЬТАТІВ

Поєднання молитовних інструментів

Зазвичай ремісники мають у своєму розпорядженні багато цінних інструментів. Потрібний для певної роботи інструмент майстер вибирає на підставі знань і досвіду. Закінчивши роботу, він сідає й оглядає свій витвір. Сповнений радості та здорового почуття гордості, він вдячний за даний йому дар — за силу й уміння створити щось нове або відновити старе чи пошкоджене. Його наполеглива праця принесла плід! Він створив щось прекрасне, чим можна насолоджуватися зараз і надихати майбутні покоління.

Так само й ви можете використовувати п'ять молитовних інструментів зцілення та звільнення, які ми разом із вами вивчили, поодинці або вдвох, щоб створити щось нове, оновити старе або полагодити те, що пошкоджено. Ось ці п'ять інструментів:

1. Молитви про зцілення від душевних ран
2. Молитви про реакції
3. Молитви про спогади
4. Молитви про прощення
5. Молитви про звільнення

Ми виявили, що поєднання цих інструментів у різних ситуаціях дає нам найкращі шанси на послідовне й ефективне розв'язання проблем, які загрожують нашій єдності й любові. То як же зрозуміти, з чого почати і які молитовні інструменти обрати?

Найкращий спосіб — уважно вивчити ситуацію або проблему, яка вас турбує. Попросіть Святого Духа допомогти вам зрозуміти, що відбувається, і показати, з чого почати. Розв'язання проблем часто потребує поєднання практичних рішень і змін, про що ми говорили в розділах, присвячених єдності й спілкуванню. Господь може допомогти вам визначити сфери, над якими потрібно працювати, і запропонувати творчі рішення. Він також відкриє вам очі на духовні аспекти проблем і на те, що потребує прощення, зцілення й звільнення. Щоб досягти найкращих результатів, вам часто доведеться застосовувати не один, а відразу кілька молитовних інструментів. Наведена на наступній сторінці таблиця допоможе вам зробити правильний вибір.

Що краще ви розумієте принципи, які лежать в основі молитов про зцілення й звільнення, і що більше звикаєте до застосування цих інструментів, то природнішим для вас стає їх використання. У міру того як ви ставатимете більш цілісними, міцнішатимуть ваша любов, дружба та єдність у парі. Це наш досвід і досвід багатьох, кому ми допомогли! До речі, ці молитви можна адаптувати й для дітей та підлітків і застосовувати їх, щоб зцілення отримала вся родина. Докладніше про те, як це зробити, ми розповідаємо в нашій книжці «Дім, що зцілює».

Контрольна таблиця для вибору інструментів молитви

Ситуація	Інструмент	Можуть також знадобитися
Вас скривдили/ Вам завдали болю	Молитви про зцілення від душевних ран	Молитви про реакції Молитви про звільнення
Ви неправильно відреагували на образу	Молитви про реакції	Молитви про звільнення
Ви маєте болючі спогади	Молитви про спогади	Молитви про звільнення
Ви згрішили	Молитви про прощення	Молитви про звільнення Молитви про зцілення від душевних ран
Ви не почуваєтеся духовно вільними	Молитви про звільнення	Молитви про зцілення від душевних ран або Молитви про спогади

Нарешті, у будь-якій ситуації звертайтеся до Святого Духа. Він укаже вам на коріння проблем, а також на те, як поєднувати й застосовувати молитви у вашій ситуації. Ми закликаємо вас використовувати цей підхід знову й знову. Це того варте, і ми знаємо, що ви будете в захваті від того, що робить Господь і від результатів, які ви отримаєте!

ДОДАТОК

Молитовні інструменти для подружніх пар

МОЛИТВИ ПРО ПРОЩЕННЯ

Кроки:

1. Визнайте свій гріх
2. Прийміть прощення
3. Виправте ситуацію

Ви можете сказати:

1. *«Любий Господи Ісусе Христе, я шкодую про те, що...
Будь ласка, прости мені!»*
Партнерові: *«Я шкодую, що скривдив і заподіяв тобі біль
своїми думками, словами чи діями* (вкажіть конкретно*).
Я більше не хочу так чинити. Будь ласка, прости мені!»*.

Партнер відповідає: «*Я прощаю тобі те, що ти мені сказав чи зробив!*».

2. «*Господи Ісусе Христе, я приймаю Твоє прощення. Дякую, що простив мені!*»

Якщо необхідно: «*Я прощаю собі!*».

3. «*Господи Ісусе, будь ласка, покажи мені, що я виправити*».

МОЛИТВИ ПРО ЗЦІЛЕННЯ ВІД ДУШЕВНИХ РАН

Кроки:

1. Розкажіть Ісусу, що завдало вам болю
2. Попросіть Ісуса зцілити вас від болю
3. Пробачте людині, яка завдала вам болю

Ви можете сказати:

1. «*Любий Ісусе, мені боляче, бо...*»
2. «*Дорогий Господи Ісусе Христе, Тобі завдавали болю інші люди. Ти взяв на Себе мій біль на хресті. Це дає Тобі силу й владу зцілити мене від болю. Я віддаю його Тобі зараз. Будь ласка, зціли мене!*»
3. «*Я прощаю... те, що він/вона сказав чи зробив мені!*»

МОЛИТВИ ПРО РЕАКЦІЇ

Кроки:

1. Розкажіть Ісусу, що ви відчуваєте з приводу того, що сталося, і як ви відреагували на це.

2. Попросіть Ісуса простити вам ваші реакції і те, що ви трималися за них.

3. Попросіть Ісуса забрати негативні почуття.

Ви можете сказати:

1. *«Любий Господи Ісусе, я почуваюся… через те, що мій партнер сказав/зробив мені. Це було негарно й несправедливо. Але і я теж сказав/зробив щось недобре або несправедливе у відповідь, тому що відчував біль».*

2. *«Господи Ісусе, будь ласка, пробач мені те, як я відреагував, і за те, що я тримався за ці негативні почуття і реакції».*

3. *«Я прошу Тебе, Господи Ісусе, забери ці негативні почуття (назвіть їх). Я відпускаю їх і віддаю Тобі!»*

МОЛИТВИ ПРО СПОГАДИ

Кроки:

1. Попросіть Ісуса повернути вас до болючого спогаду

2. Попросіть Ісуса ввійти в болючий спогад

3. Висловіть і прийміть прощення

Ви можете сказати:

1. *«Любий Господи Ісусе, будь ласка, поверни мене до болючого спогаду, який Ти хочеш зцілити!»*

2. *«Будь ласка, Господи Ісусе, прийди в цей болючий спогад».*

3. *«Я прощаю… те, що він/вона сказав або зробив мені. І я прошу Тебе, Господи Ісусе, пробачити мені… (назвіть свою реакцію на образу)».*

МОЛИТВИ ПРО ЗВІЛЬНЕННЯ

Кроки:

1. Скажіть Ісусу, від чого ви хочете звільнитися
2. Проясніть ситуацію й розберіться з почуттям провини
3. Накажіть злому духу покинути вас в ім'я Ісуса Христа

Ви можете сказати:

1. *«Любий Господи Ісусе, я хочу звільнитися від...»*
2. Якщо хтось згрішив проти вас: *«Я прощаю... те, що він чи вона зробили мені»*.

   Якщо ви згрішили: *«Господи Ісусе, будь ласка, прости мені те, що я зробив, сказав чи подумав...»*.
3. *«Я наказую духу...* (наприклад, страху, гніву тощо) *залишити мене в ім'я Ісуса Христа!»*

ДОПОМОГА ВАМ І ВАШОМУ ШЛЮБУ

Духовні інструменти, представлені в цій книжці, підходять як для молодих, так і для літніх пар. Ви можете адаптувати їх до своєї ситуації. Скористайтеся прикладами молитов, які наведені в книжці, або помоліться своїми словами. Ви можете прийти до Ісуса поодинці або вдвох і дозволити ЙОМУ зцілити вас і привести вас обох до більшої свободи!

ПРО АВТОРІВ

Деніел народився в Цюриху 1966 року. Він здобув ступінь магістра богослов'я в незалежному державному Теологічному університеті Базеля. Подальше навчання в аспірантурі Трініті-коледжу в Бристолі включало консультування з питань шлюбу. У 2002 році він був висвячений у сан англіканського диякона.

Естер народилася в Кенії 1973 року й переїхала до Англії, коли їй було сім років. Вона вивчала програму африканських і латиноамериканських досліджень в Університеті Бірмінгема й здобула диплом про вищу педагогічну освіту в Бристольському університеті.

Деніел і Естер одружилися 1995 року, знаючи одне одного більшу частину свого життя завдяки давній дружбі їхніх матерів.

З 1998 по 2007 рік вони працювали як партнери місії в Північній Аргентині, допомагаючи сім'ям і парам зростати в любові й дружбі з Богом і одне з одним, насамперед через служіння зцілення та звільнення.

У 2013 році вони заснували *Bethesda Heilungsdienst* — служіння, покликане допомагати людям стати емоційно, духовно й фізично цілісними в Христі.

КОНТАКТНІ ДАНІ ТА ІНФОРМАЦІЯ В ІНТЕРНЕТІ

Чи потрібна вам додаткова підтримка?

Ми віримо, що будь-яка пара, яка застосовує молитви й принципи, викладені в цій книжці, може пережити реальні зміни. Деякі люди вважають за корисне поговорити й помолитися з кимось іще. Детальнішу інформацію про наші консультаційні послуги й ресурси ви можете знайти на нашому сайті.

Чи сподобалася вам ця книжка?

Напишіть нам і розкажіть, як ця книжка допомогла вам. Ми будемо раді отримати ваш відгук!

Ви можете зіграти важливу роль у тому, щоб допомогти іншим парам знайти зцілення й свободу, порекомендувавши цю книжку своїм друзям і поділившись інформацією про неї в соціальних мережах.

Ухвалюючи рішення придбати книжку, багато людей орієнтуються на відгуки про неї. Будь ласка, подумайте про те, щоб залишити короткий відгук на платформі, де ви придбали свій примірник.

Якщо ви замовили книгу в *Bethesda Heilungsdienst*, ви можете надіслати свій відгук нам за вказаною нижче адресою. Ми будемо вам дуже вдячні!

bethesda-heilungsdienst.ch
info@bethesda-heilungsdienst.ch

ІНША КНИЖКА АВТОРІВ

Дім, що зцілює. Як виростити здорових і щасливих дітей

Роль батьків-християн унікальна — вони допомагають своїм дітям розбиратися з викликами в житті, не дозволяючи емоційним і духовним проблемам пустити коріння в серце.

У цій книжці автори пропонують надихаючі ідеї та приклади молитов, які ви можете використовувати, щоб допомогти своїй дитині квітнути нині й у дорослому житті.

Із книжки ви довідаєтеся:

- Як бути батьками, чия присутність і молитви значимі в житті дитини
- Як мати дім, де зцілення й воля — звичайне явище
- Як допомогти дитині впоратися з емоційним болем і образами
- Як навчити її, що таке гріх і прощення

Друкована книжка: ISBN 978-966-426-278-8

Електронна книжка: ISBN 978-3-9525127-7-7

Доступно на сайті *bethesda-heilungsdienst.ch* або в інших інтернет-книгарнях.